JN309442

学級担任のための国語資料集

短文・長文・PISA型の力がつく

まるごと読解力 説明文・詩

企画・編集　原田善造

小学４年

本書の特色

五社の教科書の説明文と詩をまるごと掲載

光村図書、東京書籍、教育出版、学校図書、大阪書籍の五社の教科書の説明文と詩を掲載しました。五社の教科書の作品がまるごと掲載されていて、たいへん充実した内容になっています。

読解力［思考力・表現力・活用力］の向上に最適のワークシート集　授業中の発問の例としても使える
教科書・全国学力テスト問題・ＯＥＣＤの学力調査（ＰＩＳＡ）やフィンランドの教育方法なども参考に作成

本書を執筆するにあたり、まず、光村図書、東京書籍、教育出版、学校図書、大阪書籍の五社の教科書の説明文と詩を研究しました。さらに、全国学力テストの活用問題やＯＥＣＤの学力調査（ＰＩＳＡ）の読解力問題・フィンランドの教育方法なども参考に、現場の先生方の知恵を借りながら、日本の子どもたちに適した問題を作成しました。

読み取る力や思考力を問う問題と、表現力・活用力を問う問題をバランスよく掲載していますので、本書の活用により、子どもたちに豊かな読解力［思考力・表現力・活用力］が飛躍的に身につきます。

限られた授業時間の中でがんばっておられる、忙しい現場の先生方に最適な読解力ワークシート

教科書の作品を全部教えるにも授業時間が足りないのが日本の教育現場の実情だといわれています。

本書は、教科書の作品に限って掲載しています。教科書以外の問題を作っても、その問題の作品を教えるのに、とても時間がかかってしまいます。また、教科書以外の作品では、その学年の児童の発達段階に適しているかどうかわかりません。

そこで、本書では何よりも教科書の作品をよく研究し、読解力［思考力・表現力・活用力］向上のための充実した問題を、短文・長文・全文の三部構成で作成しました。

授業の中での活用はもちろん、短時間の朝勉強やテスト・宿題等、いろいろな場面で、いろいろな時間の長さで活用できるので、忙しい中でがんばっておられる先生方にはピッタリのワークシートです。

本書の使い方

短文読解のページ

日々の授業や朝学習や宿題等に使えるよう、一つの説明文を何ページかにわたって短く掲載しています。短時間でできますのでぜひご活用下さい。

読解力［思考力・表現力・活用力］を豊かに形成するためには、たくさんの作品に接することも大切ですので、学校で採択されていない他社の教科書の作品もぜひご活用下さい。

長文読解のページ

小学校であつかう一般的なテスト等と同じ長さの問題を掲載しています。テストや授業や宿題等、いろいろな場面で活用して下さい。

全文読解のページ

作品が長いときは何ページかにわたって全文が掲載されています。例えば、全文が2ページの作品の場合、はじめの一枚目のワークシートは、1ページ目の作品から出題されていますが、二枚目のワークシートは、1ページ・2ページの全文から出題されています。

また、作品は2ページ以上なのに一枚しかワークシートがない場合も、全文から出題されています。どの範囲から出題されているかは、ワークシートに書いてありますので、その範囲の作品のページをご使用下さい。

詩のページ

詩は原則、上段に詩があり、下段に問題が掲載されています。

詩は、読解力だけでなく、ワークシートの上半分の詩の部分だけを暗唱に使ったり、視写に使ったりできるようになっています。詩を口ずさむことができると、感受性なども豊かになります。ぜひ様々な方法でご活用下さい。

豊かなイラスト

子どもたちのイマジネーションをふくらませる、豊かなイラストが掲載されています。説明文のワークシートには、イラストと本文の関係を問う問題もありますので、是非、イラストにも着目させて下さい。

解答のページ

本書の解答例は、あくまで一つの解答例です。国語の教材は、子どもによってイメージの仕方や、問題の受け止め方が多様であり、これだけが正解ということは絶対にありません。子どもの表現が少々違っていても、文意が合っていれば必ず○をしてあげて下さい。「思ったこと」「考えたこと」などは様々なとらえ方がありますので、解答例を省略している場合があります。児童の思いをよく聞いて、あくまでも子どもの考えに寄りそった○つけをお願い致します。

短文読解力問題

長文読解力問題

全文読解力問題

詩

解答

【光】…光村図書　【東】…東京書籍　【教】…教育出版　【学】…学校図書　【大】…大阪書籍

授業の発問事例・宿題
読解練習・朝学習等に使える

短文読解力問題

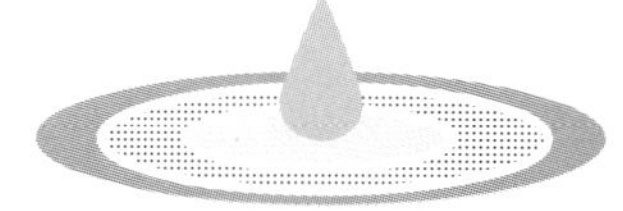

「かむ」ことの力(1)

名前［　　　　］

「よくかんで食べなさい。」と、いつも言われていませんか。かむって、どういうことなのでしょう。また、よくかむと、どんないいことがあるのでしょう。いっしょに考えてみましょう。

食べ物を一口、口の中に入れてみましょう。熱い、冷たい、かたい、やわらかい、大きい、小さいなど、食べ物にはさまざまなちがいがあります。その食べ物を上あごと下あごの歯でかむと、食べ物の様子が脳に伝わります。脳は、その知らせを受けて、「この食べ物は、このようにかみなさい。」と、よくかみくだけるように、あごを動かす筋肉に指令を出します。また、だえきを出すようにという指令も出します。そうして、かめばかむほど、食べ物は口の中でだえきとまじり、だんだん小さく、やわらかくなっていきます。こうすることで飲みこみやすくなった食べ物は、初めてごっくんと食道に送りこまれるのです。

（光村図書　国語　4年（上）かがやき　金田　洌）

上の文章を読んで、答えましょう。

(一) 食べ物の様子にはさまざまなちがいがありますが、どんなちがいでしょうか。六つ書きましょう。

（　　）（　　）（　　）

（　　）（　　）（　　）

(二) ア その知らせとは、何ですか。

（　　）

(三) 食べ物を口の中に入れたとき、脳が出す指令を二つ書きましょう。

（　　）

（　　）

(四) イ こうすることとは、食べ物がどうなることでしょう。

（　　）

（　　）

「かむ」ことの力(2)

名前［　　　　］

　これらのひとつながりの動作を「そしゃく」といいます。そしゃくは、食べ物に直接(せつ)ふれる歯、あごの骨(ほね)、あごの関節、あごを動かす筋肉(きん)、口のまわりの筋肉、ほお、した、くちびるなど、ア多くの部分がたがいにうまく協力しないとできません。これらの部分は、働けば働くほど、きたえられて強くなります。［　］、かめばかむほど、歯も骨も関節も筋肉も強くなるということです。

（光村図書　国語　4年（上）かがやき　金田(かねだ)　洌(きよし)）

上の文章を読んで、答えましょう。

(一)　口に入れた食べ物をよくかんで、だえきとまぜ、飲みこむまでのひとつながりの動作を、何といいますか。

（　　　　）

(二)　ア多くの部分と同じことを、ちがう言葉で何と言っていますか。六文字で書きましょう。

□□□□□□

(三)　ア多くの部分とは、どんな部分ですか。八つ書きましょう。

（　　）（　　）（　　）（　　）
（　　）（　　）（　　）（　　）

(四)　［　］の中に入る言葉を左から選び、○で囲みましょう。

しかし　・　つまり　・　けれど

「かむ」ことの力(3)

名前［　　　　］

また、かめばかむほど、だえきもたくさん出てきます。だえきがたくさん出ることは、消化を助けるだけでなく、歯の健康にとっても大事です。ふつう、だえきは一日におおよそ一リットルほど出ます。大量のだえきは、歯の表面のよごれやばい菌(きん)などをあらい流して、虫歯になるのをふせぐ働きをします。また、だえきには歯と同じ成分がふくまれていて、歯の表面にできた初期の虫歯に対しては、元の健康な歯にもどるのを助けてくれます。

（光村図書　国語　4年（上）　かがやき　金田(かねだ)　洌(きよし)）

上の文章を読んで、答えましょう。

(一) どのようにすれば、だえきがたくさん出るのでしょう。

(二) だえきは一日におおよそ何リットル出ますか。

(三) 歯の健康にとって大事な、だえきの役わりを、二つ書きましょう。

「かむ」ことの力(4)

名前〔　　　　　　　〕

かめばかむほどいいことは、ほかにもあります。

まず、食べ物をだえきといっしょに数十回もよくかむと、脳から「もうおなかがいっぱいだよ。」という知らせが出されます。脳はかむことを通して、胃や腸がちょうどいい具合に働くように、食べ物の量を調整しているのです。よくかまないで飲みこむと、いつまでも知らせが出ず、食べすぎてしまったり、胃や腸がつかれて、栄養が取り入れられなくなったりします。

（光村図書　国語　4年（上）かがやき　金田　洌）

上の文章を読んで、答えましょう。

(一) 食べ物をだえきといっしょに数十回もよくかむと、脳からどんな知らせが出されますか。

（　　　　）

(二) (一)の知らせを出して、脳は何を調整しているのですか。

（　　　　）

(三) 食べ物をよくかまないで飲みこむと、どんなことがおこりますか。二つ書きましょう。

（　　　　）

（　　　　）

(四) 上の文章に出てくる、かむことと関係がある体の器官を三つ書きましょう。

（　　　）（　　　）（　　　）

「かむ」ことの力(5)

名前［　　　　］

次に、歯や歯のまわりの骨(ほね)・筋肉(きん)が強くなると、歯を食いしばる力が強くなります。実は、歯を食いしばる力と、体全体の力は関係していることが分かっています。つな引きで力いっぱいにつなを引いているときや、ドッジボールで球を投げたり受け止めたりするとき、わたしたちは思い切り歯を食いしばっています。アこのとき、ものすごい力が歯にかかっています。虫歯があっては強い力は出せません。また、歯の強さが左右でちがっていると、体全体の力も左右のバランスがとれなくなることがあります。ですから、歯の全体を使ってよくかむことは、体全体の成長や活動にとっても大切です。

（光村図書　国語　4年（上）かがやき　金田(かねだ)　洌(きよし)）

上の文章を読んで、答えましょう。

(一) 歯や歯のまわりの骨・筋肉が強くなると、どんな力が強くなりますか。

（　　　　）

(二) 思い切り歯を食いしばると、どんな力が歯にかかりますか。

（　　　　）

(三) アこのは、何を指していますか。

（　　　　）

(四) 虫歯があると、どうなりますか。

（　　　　）

(五) 歯の強さが左右でちがっていると、どうなりますか。

（　　　　）

「かむ」ことの力(6)

名前

さらに、かむことは脳の働きと結び付いているので、よくかむことで、脳の働きが活発になります。朝ごはんをよくかんで食べると、ア それによって脳の働きが活発になり、ねむ気がさめて心が安定し、学習能力も高まるということが分かっています。

□、かむことは、わたしたちの体全体にかかわる大切な働きであることが分かりました。人間の体は、どこをとっても、たがいにつながり合っています。それぞれの部分の働きが、他の部分の活動や発達に深くかかわっているのです。

（光村図書　国語　4年（上）かがやき　金田　洌）

上の文章を読んで、答えましょう。

(一) かむことは、何の働きと結び付いていますか。

（　　　　）

(二) 朝ごはんをよくかんで食べることの大切さを、（　）に言葉を入れてまとめましょう。

脳の働きが活発になり、（　　　）がさめて（　　　）が安定し、（　　　）も高まる。

(三) ア それは、何を指しますか。

（　　　　）

(四) □の中に入る言葉を左から選び、○で囲みましょう。

けれども　・　さらに　・　このように

(五) 上の文章を読んで、人間の体のしくみについてまとめている文章をぬき書きしましょう。

（　　　　）

手と心で読む（1）

名前［　　　　］

みなさんの中で、駅の自動券売機の表面に、小さな点のうき出たところがあるのに気づいた人はいませんか。よく注意してみると、ゆうびん局や、市役所などの中でも見つかるかもしれません。ア それは、点字といって、わたしたち目の不自由な者が、指でさぐって読む文字なのです。

点字について、わたしには、こんな思い出があります。

十九さいのとき、わたしは、急に目を悪くして入院しました。イ もう回復は望めないと分かってからも、しばらくの間、わたしは点字を覚える気になれませんでした。まだ、新聞の大きな見出しぐらいは読んでいましたし、太い鉛筆で文字を書く練習もしていました。それまで親しんでいた文字とはなれることは、まるで心のふるさとを失うように思えたのです。

（光村図書　国語　4年（上）かがやき　大島　健甫）

上の文章を読んで、答えましょう。

（一）ア それは、何を指していますか。

（　　　）

（二）点字とは、どんな文字ですか。

（　　　）

（三）イ もう回復は望めないとは、具体的にどういうことですか。

（　　　）

（四）私が点字を覚える気になれなかったのは、どうしてでしょう。

（　　　）

手と心で読む(2)

名前［　　　　　　　　］

そんなわたしに、点字を覚えるように働きかけたのは、母でした。母は、いつの間にか点字を習いに通っていたようです。一九四四年の冬のある日、病室にやって来た母は、少しあつめの紙をわたしに手わたして、言いました。

㋐「いっしょに勉強してみようよ。」

母が自分の手で打ってきた北原白秋(きたはらはくしゅう)の詩を、わたしはわすれることができません。

からまつの林を過(す)ぎて、
からまつをしみじみと見き。

点字を指先で読み取るのは、初めのうちはなかなかむずかしいことです。かじかむ指をあたためあたため、わたしは、何日もかかって、ようやく一編(ぺん)の詩を読んだのでした。

(光村図書　国語　4年(上)　かがやき　大島(おおしま)　健甫(けんすけ))

上の文章を読んで、答えましょう。

(一) 点字をさいしょに習ったのは、だれですか。

（　　　　）

(二) ㋐は、だれが、だれに言った言葉ですか。

（　　　）が（　　　）に言った言葉

(三) 少しあつめの紙には、何が書かれていましたか。

（　　　　）

(四) 「かじかむ指」の説明で、正しいものに○をつけましょう。

（　）冷たくて、思うように動かない指
（　）むずむずかゆい指
（　）不器用で、思うように動かない指

手と心で読む(3)

名前［　　　　　　　　　　］

勉強し始めてみると、自分で自由に使える文字をもつことが、どんなに楽しく、どんなに大切であるかが分かってきました。読む速さも、練習とともにどんどんまして、点字の図書館から次々に本を借りて読みました。そのうちには、読みたい本がまだ点字になっていないのが、もどかしく感じられるほどになったのでした。

（光村図書　国語　4年(上)　かがやき　大島　健甫）

上の文章を読んで、答えましょう。

(一) 自分で自由に使える文字とは、何のことですか。

（　　　　　　　　）

(二) 練習とともに、何がどんどんましていきましたか。

（　　　　　　　　）

(三) (二)のようになって、この人(筆者)は、どんなことをしたでしょう。

（　　　　　　　　）

(四) 「もどかしい」の使い方で、正しいものに○をつけましょう。

（　）ゆみさんは、もどかしい気持ちで働いている。

（　）小さい子のしていることを見ていると、もどかしい。

（　）お母さんは、もどかしい手つきで料理をする。

手と心で読む(4)

名前［　　　　　　　　］

今、世界で使われている点字は、一八二五年、フランスのルイ＝ブライユという人が考え出したものです。日本では、ア それを五十音に組みかえて使っています。イ この点字は、たて三点、横二列の六点で一文字が作られています。これらの点を、あるものは打ち出し、あるものは空白にしておく組み合わせで、五十音と、そのほか十数種類の記号ができるのです。さらに、記号と文字とを組み合わせて、数字やローマ字、音符（ぷ）などを表すこともできます。盲（もう）学校の子どもたちは、これらを使って作られた教科書で学習しています。

ルイ＝ブライユ

（光村図書　国語　4年（上）かがやき　大島（おおしま）健甫（けんすけ））

上の文章を読んで、答えましょう。

（一）今、世界で使われている点字は、どこの国のだれが考え出したものですか。

（　　　　）の（　　　　）

（二）ア それは、何を指していますか。

（　　　　）

（三）① イ この点字は、何を指していますか。

（　　　　）

② イ この点字は、どのようにして文字を作っていますか。（　）の中に言葉を入れましょう。

たて（　　）、横（　　）の（　　）で一文字が作られています。

これらの点を、あるものは（　　）、あるものは（　　）にしておきます。

（四）点字は、五十音の文字、記号以外に、それを組み合わせてどんなものを表すことができますか。

（　　　　）（　　　　）（　　　　）

手と心で読む(5)

名前［　　　　］

知識(しき)や考え、思いを伝え合うことができるのは、文字のもつ大きなめぐみです。目の不自由な人の中にその文字、点字をもちこんだのは、ルイ＝ブライユでした。最近では、わたしたちにもふつうの文字が打てる盲(もう)人用ワープロとか、本を読んでくれる機械などが作られています。これからも、人間のちえは、人々の心を結ぶ便利な道具や方法を考え出し、ア多くの人によろこびをもたらしていくでしょう。

（光村図書　国語　4年（上）かがやき　大島(おおしま)　健甫(けんすけ)）

上の文章を読んで、答えましょう。

(一) 文字のもつ大きなめぐみとは、何ですか。

（　　　　）

(二) ルイ＝ブライユは、何をした人ですか。

（　　　　）

(三) 最近作られた、目の不自由な人にとって便利な道具には、どんなものがありますか。二つ書きましょう。

（　　　　）

（　　　　）

(四) 何がア多くの人によろこびをもたらしていくと、筆者は考えていますか。

（　　　　）

アップとルーズで伝える(1)

名前［　　　　］

　テレビでサッカーの試合を放送しています。今はハーフタイム。もうすぐ後半が始まろうとするところで、画面には会場全体がうつし出されています。両チームの選手たちは、コート全体に広がって、たがいにボールを回し、体を動かしています。観客席はほぼ満員といっていいでしょう。スクリーンには黄色一色のおうえん席がうつっています。おうえんするチームのチームカラーの洋服などを身に着けた人たちです。会場全体が静かに、こうふんをおさえて、開始を待ち受けている感じが伝わります。

（光村図書　国語　4年（下）　はばたき　中谷日出）

上の文章を読んで、答えましょう。

(一) テレビの画面は、何をうつし出していますか。

（　　　　）

(二) 今、試合の何の時間を放送していますか。

（　　　　）

(三) コートでは、何をしていますか。

（　　　　）

(四) 観客席の様子を書きましょう。

（　　　　）

おうえん席（　　　　）で（　　　　）の

(五) なぜ、おうえん席の色が一色なのでしょうか。

（　　　　）

アップとルーズで伝える(2)

名前［　　　　］

いよいよ後半が始まります。画面は、コートの中央に立つ選手を大きくうつし出しました。ホイッスルと同時にボールをける選手です。目はボールの方を見、少しきんちょうした顔つきです。

初めの画面のように、広いはんいをうつすとり方を「ルーズ」といいます。次の画面のように、ある部分を大きくうつすとり方を「アップ」といいます。アップとルーズでは、どんなちがいがあるのでしょう。

（光村図書　国語　4年（下）はばたき　中谷日出）

上の文章を読んで、答えましょう。

(一)　いよいよ後半が始まる時、テレビの画面はどんな人をうつし出していますか。

（　　　　）

(二)　(一)の人をくわしく説明しましょう。

（　　　　）選手です。

目は（　　　　）を見、

（　　　　）顔つきです。

(三)　テレビカメラのとり方で、次の言葉を説明しましょう。

①ルーズ

（　　　　）

②アップ

（　　　　）

アップとルーズで伝える(3)

名前［　　　　　　　　］

　アップでとったゴール直後のシーンを見てみましょう。ゴールを決めた選手が両手を広げて走っています。ユニホームは風をはらみ、口を大きく開けて、全身で喜びを表しながら走る選手の様子がよく伝わります。アップでとると、細かい部分の様子がよく分かります。□、このとき、ゴールを決められたチームの選手は、どんな様子でいるのでしょう。それぞれのおうえん席の様子はどうなのでしょう。走っている選手以外の、うつされていない多くの部分のことは、アップでは分かりません。

（光村図書　国語　4年（下）はばたき　中谷（なかや）日出（ひで））

上の文章を読んで、答えましょう。

㈠　アップでとったゴール直後のシーンを書きましょう。

（　　　　　　　　）

㈡　□の中に入る言葉を左から選び、○で囲みましょう。

また　・　その上　・　しかし

㈢　アップでとったとき、よく分かることと、分からないことをまとめてみましょう。

・よく分かること

（　　　　　　　　）

・分からないこと

（　　　　　　　　）

アップとルーズで伝える(4)

名前［　　　　　］

試合終了直後のシーンを見てみましょう。勝ったチームのおうえん席です。大きくふられる大小の旗やたれまく、立ち上がっている観客と、それに向かって手をあげる選手たち。選手とおうえんした人たちとが一体となって勝利を喜び合っています。ルーズでとると、広いはんいの様子がよく分かります。でも、各選手の顔つきや視線、それらから感じられる気持ちまでは、なかなか分かりません。

このように、アップとルーズには、それぞれ伝えられることと伝えられないことがあります。それで、ア テレビでは、ふつう、何台ものカメラを用意していろいろなうつし方をし、目的におうじてアップとルーズを切りかえながら放送をしています。

（光村図書　国語　4年（下）はばたき　中谷日出）

上の文章を読んで、答えましょう。

(一) 試合終了直後のシーンは、アップとルーズのどちらでとっていますか。

（　　　）

(二) (一)の方法で、どこをとっていますか。

（　　　）

(三) (二)の映像から、選手やおうえんした人たちの、どんな様子がわかりますか。

（　　　）

(四) このシーンをルーズでとるときの良い所・悪い所を書きましょう。

・良い所（　　　）

・悪い所（　　　）

(五) ア テレビでは、ふつう、何台ものカメラを用意してとありますが、なぜ何台ものカメラが必要なのですか。

（　　　）

アップとルーズで伝える(5)

名前［　　　　］

写真にも、アップでとったものとルーズでとったものがあります。新聞を見ると、伝えたい内容に合わせて、ア どちらかの写真が使われていることが分かります。紙面の広さによっては、それらを組み合わせることもあります。取材のときには、いろいろな角度やきょりから、多くの写真をとっています。そして、イ その中から目的にいちばん合うものを選んで使うようにしています。

テレビでも新聞でも、受け手が知りたいことは何か、送り手が伝えたいことは何かを考えて、アップでとるかルーズでとるかを決めたり、とったものを選んだりしているのです。

（光村図書　国語　4年（下）　はばたき　中谷日出）

上の文章を読んで、答えましょう。

(一) ア どちらかの写真とは、どんな写真のことでしょうか。

（　　　　）（　　　　）か

(二) イ その中は、何を指していますか。

（　　　　）

(三) 新聞の取材のときには、多くの写真をとりますが、なぜですか。

（　　　　）

(四) テレビでも新聞でも、アップでとるか、ルーズでとるかを決めるとき、何を考えますか。二つ書きましょう。

（　　　　）

（　　　　）

ヤドカリとイソギンチャク(1)

名前［　　　　］

　ヤドカリのなかまで、さんご礁（しょう）に多いソメンヤドカリは、貝がらにイソギンチャクを付けて歩き回っています。観察してみると、ソメンヤドカリは、たいてい二つから四つのベニヒモイソギンチャクを、貝がらの上に付けています。中には九つものイソギンチャクを付けていたヤドカリの例も記録されています。
　ア このようなヤドカリのすがたは、いかにも重そうに見えます。それなのになぜ、ヤドカリは、いくつものイソギンチャクを貝がらに付けているのでしょうか。
　イ このことを調べるために、次のような実験をしました。

（東京書籍　新編　新しい国語　4年(上)　武田（たけだ）　正倫（まさつね））

上の文章を読んで、答えましょう。

(一) ① ソメンヤドカリは、何のなかまでしょう。
（　　　　）
② ソメンヤドカリは、どこに多くいますか。
（　　　　）

(二) ソメンヤドカリが貝がらに付けているのは、何ですか。
（　　　　）

(三) ア このようなとは、どのようなヤドカリのすがたなのでしょうか。
（　　　　）

(四) イ このこととは、何のことでしょうか。
（　　　　）

ヤドカリとイソギンチャク(2)

名前［　　　］

おなかをすかせたタコのいる水そうに、イソギンチャクを付けていないヤドカリを放します。タコはヤドカリが大好物なので、長いあしですぐヤドカリをつかまえ、貝がらをかみくだいて食べてしまいます。

次に、イソギンチャクを付けているヤドカリを入れてみます。タコは、ヤドカリをとらえようとしてしきりにあしをのばしますが、イソギンチャクにふれそうになると、あわててあしを引っこめてしまいます。ヤドカリが近づくと、タコは後ずさりしたり、水そうの中をにげ回ったりします。

（東京書籍　新編　新しい国語　4年(上)　武田正倫）

上の文章を読んで、答えましょう。

(一)　イソギンチャクを付けていないヤドカリを、タコはどのようにして食べましたか。（　）の中に言葉を書きましょう。

（　　　）で（　　　）をつかまえ、（　　　）を（　　　）食べます。

(二)　イソギンチャクを付けているヤドカリを、タコの水そうに入れたときの様子について答えましょう。

①　タコは、どうしましたか。

（　　　）

②　タコは、ヤドカリを食べることができましたか。

（　　　）

③　水そうの中をにげ回ったのは、何ですか。〇を付けましょう。

タコ　・　イソギンチャク　・　ヤドカリ

ヤドカリとイソギンチャク(3)

名前［　　　　］

イソギンチャクのしょく手は、何かがふれるとはりがとび出す仕組みになっています。ア<u>その</u>はりで、魚やエビをしびれさせて、えさにするのです。タコや魚はこのことをよく知っていて、イソギンチャクに近づこうとはしません。それで、ヤドカリは、イソギンチャクを自分の貝がらに付けることで、敵（てき）から身を守ることができるのです。

では、ヤドカリは、石に付いたイソギンチャクを、どうやって自分の貝がらにうつすのでしょうか。ヤドカリが、イソギンチャクのはりでさされることはないのでしょうか。

ヤドカリとイソギンチャクの関係を研究しているカナダのロス博士は、ヤドカリとイソギンチャクがどのようにしていっしょになるのか、水そうで観察しました。

（東京書籍　新編　新しい国語　4年(上)　武田（たけだ）正倫（まさつね））

上の文章を読んで、答えましょう。

(一) イソギンチャクのしょく手は、どんな仕組みになっていますか。

（　　　　）

(二) ア<u>その</u>は、何を指していますか。

（　　　　）

(三) ヤドカリはなぜ、イソギンチャクを貝がらに付けているのですか。

（　　　　）

(四) 上の文に書かれている、ヤドカリについてのぎ問を、二つ書きましょう。

（　　　　）

（　　　　）

(五) ロス博士は、何の研究をしていましたか。

（　　　　）

ヤドカリとイソギンチャク(4)

名前［　　　　］

ソメンヤドカリを飼(か)っている水そうに、石などに付いたベニヒモイソギンチャクを入れます。ヤドカリは、自分の貝がらにイソギンチャクを付けていても、イソギンチャクを見れば、いくつでもほしくなるようです。ア すぐ近づいてきて、あしを使ってイソギンチャクの体をつついたり、両方のはさみで引っぱったりして、イソギンチャクをはがしてしまいます。そして、かかえるようにして自分の貝がらの上におし付けるのです。ずいぶんイ 手あらな方法に見えますが、イソギンチャクはしょく手をのばしたままで、いかにも気持ちよさそうに見えます。はりもとび出しません。

1 2 3 4

（東京書籍　新編　新しい国語　4年(上)　武田(たけだ)　正倫(まさつね)）

上の文章を読んで、答えましょう。

(一) ア すぐ近づいてきてとありますが、何が何に近づいてくるのでしょうか。

（　　　　）が（　　　　）に近づいてくる。

(二) ヤドカリは、どのようにしてイソギンチャクを石からはがしますか。

（　　　　）

(三) イ 手あらな方法の意味で、正しいものに○を付けましょう。

（　）手をあらうような方法
（　）らんぼうな方法
（　）手がこんでいて大変な方法

(四) ヤドカリにはがされたり、かかえられたりしたときのイソギンチャクの様子を書きましょう。

（　　　　）

ヤドカリとイソギンチャク(5)

名前［　　　　　　　　　　］

［①］、イソギンチャクは、ヤドカリの貝がらに付くことで、何か利益（りえき）があるのでしょうか。

ヤドカリに付いていないベニヒモイソギンチャクは、ほとんど動きません。［②］、えさになる魚やエビが近くにやってくるのを待つしかありません。［③］、ヤドカリに付いていれば、いろいろな場所に移動（いどう）することができるので、その結果、えさをとる機会がふえます。［④］、ヤドカリに付いていると、ヤドカリの食べ残しをもらうこともできるのです。

さんご礁（しょう）の美しい海では、いくつものベニヒモイソギンチャクを貝がらに付けた、ソメンヤドカリを見ることができます。ヤドカリとイソギンチャクは、このように、たがいに助け合って生きているのです。

（東京書籍　新編　新しい国語　4年(上)　武田（たけだ）　正倫（まさつね））

上の文章を読んで、答えましょう。

(一) ヤドカリに付いていないベニヒモイソギンチャクは、えさをどうしてとりますか。

（　　　　　　　　　　）

(二) ヤドカリに付いているベニヒモイソギンチャクは、どうしてえさをたくさんとれるのでしょう。二つ書きましょう。

（　　　　　　　　　　）

（　　　　　　　　　　）

(三) ①～④の［　］に当てはまる言葉をそれぞれ［　］から選び、（　）に書きましょう。

［また　ですから　しかし　では］

①（　　　　）　②（　　　　）

③（　　　　）　④（　　　　）

(四) ヤドカリとイソギンチャクの関係を、上の文から十四文字でぬき書きしましょう。

花を見つける手がかり(1)

名前［　　　　　　］

もんしろちょうは、日本じゅうどこにでもいる、ありふれたちょうです。みなさんも知っているように、もんしろちょうは、花に止まって、そのみつをすいます。

いったい、もんしろちょうは、何を手がかりにして、花を見つけるのでしょう。花の色でしょうか。形でしょうか。それとも、においでしょうか。もんしろちょうにきいてみればわかるのですが、そんなわけにはいきません。

日高敏隆（ひだかとしたか）先生と東京農工大学の人たちは、ア この疑問（ぎもん）をとくために、大がかりな実験をしました。

実験には、たくさんのもんしろちょうが必要です。一度に百ぴき、二百ぴきというもんしろちょうを放し、花を見つける様子をえい画のカメラで記録して、くわしく観察するためです。キャベツをえさに青虫を育て、実験に使うもんしろちょうを用意しました。

（教育出版　ひろがる言葉　小学国語4年（上）　吉原（よしはら）順平（じゅんぺい））

上の文章を読んで、答えましょう。

(一) もんしろちょうは、何のために花に止まるのでしょうか。正しいものに〇をつけましょう。

（　）羽を休めるため

（　）花のにおいが良いから

（　）花のみつをすうため

(二) ア この疑問とは、どんな疑問ですか。本文から、文を一つぬき書きしましょう。

（　　　　　　）

(三) ① 実験をするために、何が必要でしたか。

（　　　　　　）

② そのために、何をしましたか。

（　　　　　　）

花を見つける手がかり (2)

名前［　　　　　　　　］

　実験は、まず、花だんの花を使って始めました。花だんには、赤・黄・むらさき・青と、四種類の色の花がさいています。少しはなれた所で、生まれてから花を見たことのないもんしろちょうを、いっせいに放しました。

　もんしろちょうは、いっせいに、花だんに向かってとんでいきます。もんしろちょうは、生まれながらに、花を見つける力を身につけているようです。

　花だんは、たちまち、ちょうでいっぱいになってしまいした。注意して見ると、ちょうのよく集まる花と、ア<u>そうでない花</u>とがあります。赤い花には、あまり来ていないようです。もんしろちょうは、色で花を見分けているのでしょうか。

　でも、イ<u>そう</u>決めてしまうのは、ちょっとウ<u>早すぎます</u>。たまたま、花だんに植えた赤い花が、おいしそうなにおいを出していないのかもしれないからです。色か、においか、——そこのところをたしかめるには、別の実験をしなければなりません。

赤　黄　むらさき　青

（教育出版　ひろがる言葉　小学国語４年（上）　吉原　順平）

上の文章を読んで、答えましょう。

（一）花だんには、どんな色の花がさいていましたか。四つ書きましょう。

（　　　）（　　　）（　　　）（　　　）

（二）花だんから少しはなれた所から放したのは、どんなもんしろちょうですか。

（　　　　　　　　）

（三）アそうでない花とは、どんな花のことですか。

（　　　　　　　　）

（四）イそうは、何を指していますか。

（　　　　　　　　）

（五）ウ早すぎます。とありますが、どうして早すぎるのですか。

（　　　　　　　　）

花を見つける手がかり(3)

名前［　　　　　　　　］

そこで、今度は、においのしない花――プラスチックの造花を使うことにしました。色は、花だんのときと同じ赤・黄・むらさき・青の四種類です。

もんしろちょうを放すと、やはり、まっすぐに造花に向かってとんでいきました。止まって、みつをすおうとするものもいます。プラスチックの造花には、みつもないし、においもありません。ですから、もんしろちょうは、においではなく、花の色か形にひかれていると考えられるでしょう。そして、造花の場合も、赤い花には、あまりやってきませんでした。

赤　黄　むらさき　青

（教育出版　ひろがる言葉　小学国語4年（上）　吉原順平）

上の文章を読んで、答えましょう。

(一) なぜプラスチックの造花を使ったのですか。

（　　　　　　　　）

(二) 造花の色は、どんな色にしましたか。四つ書きましょう。

（　　）（　　）（　　）（　　）

(三) 放したもんしろちょうは、どんな行動をとりましたか。二つ書きましょう。

（　　　　）（　　　　）

(四) もんしろちょうは、何にひかれてとんでいったと考えられるでしょう。

（　　　　）

花を見つける手がかり(4)

名前［　　　　　　　　　　　］

　次の実験では、花の代わりに、四角い色紙を使ってみました。色紙にも集まってくれば、花の形が問題なのではなく、色だけが、もんしろちょうをひきつけているということになるでしょう。用意した色は、前と同じ四種類です。もんしろちょうは、色紙を花だと思ってくれるでしょうか。

　いよいよ、二百ぴきほどのもんしろちょうを放してみました。ただの紙なのに、やはり、ちょうは集まってきます。むらさきの色紙に止まったものもいます。黄色の色紙に止まったものもいます。止まったちょうは、長い口をのばして、みつをすおうとしています。もんしろちょうは、色紙を花だと思っているようです。

　集まり方を色別に調べてみました。いちばん集まったのがむらさき、二番めが黄色、青に来たものは少なく、赤には、ほとんど来ませんでした。念のため、赤い色紙にみつをつけたものを用意してみましたが、これにもちょうは来ませんでした。

むらさき　青　赤　黄

（教育出版　ひろがる言葉　小学国語4年（上）　吉原（よしはら）順平（じゅんぺい））

上の文章を読んで、答えましょう。

(一)　実験で使った四角い色紙は、何の代わりですか。

（　　　　　）

(二)　色紙にもんしろちょうが集まれば、どんなことがわかるのでしょうか。

（　　　　　）

(三)　もんしろちょうが、色紙を花だと思っていることがわかる一文をぬき書きしましょう。

（　　　　　）

(四)　もんしろちょうが多く集まった順に、色紙の色を書きましょう。

①（　　）　②（　　）

③（　　）　④（　　）

花を見つける手がかり(5)

名前［　　　　　　　　　　］

　このような実験から、もんしろちょうは、色によって花を見つけること、赤い花は見えないらしいことがわかりました。

ア「そんなことをいったって、赤い花にもんしろちょうが来ているのを見たことがあるよ。」

と言う人が、いるかもしれません。イそういう人は、ちょっと思い出してください。赤い花のまん中に、黄色のおしべ・めしべがありませんでしたか。もんしろちょうは、その黄色を目あてに、やってきたのでしょう。

　こん虫は、何も語ってくれません。しかし、考え方のすじ道を立てて、実験と観察を重ねていけば、ウその生活の仕組みをさぐエることができます。

（教育出版　ひろがる言葉　小学国語4年（上）　吉原（よしはら）　順平（じゅんぺい））

もんしろちょうのよく集まる花

なのはな　だいこん　ダリア

上の文章を読んで、答えましょう。

（一）アそんなこととは、どんなことでしょうか。

（　　　　　　　　　　）

（二）イそういう人とは、どんな人ですか。

（　　　　　　　　　　）

（三）赤い花にもんしろちょうがやってくるのは、なぜでしょう。

（　　　　　　　　　　）

（四）ウそのは、何を指していますか。（　　　）

（五）上の文のエさぐると同じ使い方をしているものに○をつけましょう。

（　）ポケットをさぐって、コインを出す。

（　）てきの様子をさぐる。

（　）草むらをさぐる。

リサイクルより たいせつなもの(1)

名前［　　　　　　　　　　　　］

最近，リサイクルって言葉を，よく聞くよね。日本をはじめ，世界の多くの国では，ごみがふえすぎたんだ。リサイクルとは，すてたごみをもう一度使えるようにすることなんだ。もしも，このままごみがふえつづけると，日本はごみの山になってしまうよ。物は，すてればごみだけど，リサイクルすれば，しげんになるんだ。では，げんざいリサイクルされている物や，リサイクルできる物を見てみようか。

クイズ１
牛にゅうパックを何まいリサイクルすると，１ロールのトイレットペーパーになるのかな？
10ロールでは60まい必要だよ。ということは？
①6まい　②60まい　③100まい

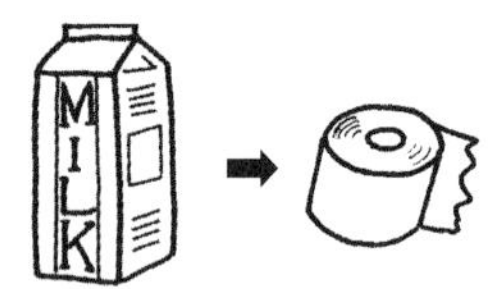

牛にゅうパックは，トイレットペーパーなどに変身するが，ペットボトルは何に変わることができるのだろうか？　ジュースの空きかんやびんはどうだろうか？

右の絵のように，それぞれの工場で新しい品物に生まれ変わるんだ。このように，すてればごみになり，リサイクルすれば新しいしげんとなる物はたくさんある。

ただ，リサイクルには欠点もある。リサイクルは物をいったんつぶして，そこからふたたび物を作るのだから，お金がかかるんだね。それから，エネルギーも使うんだよ。もっといい方法はないかな？

あります！

それは，再利用（リユース）だよ。次は，再利用について考えてみようか。

（大阪書籍　小学国語4年（上）　坂本将英　田坂節子）

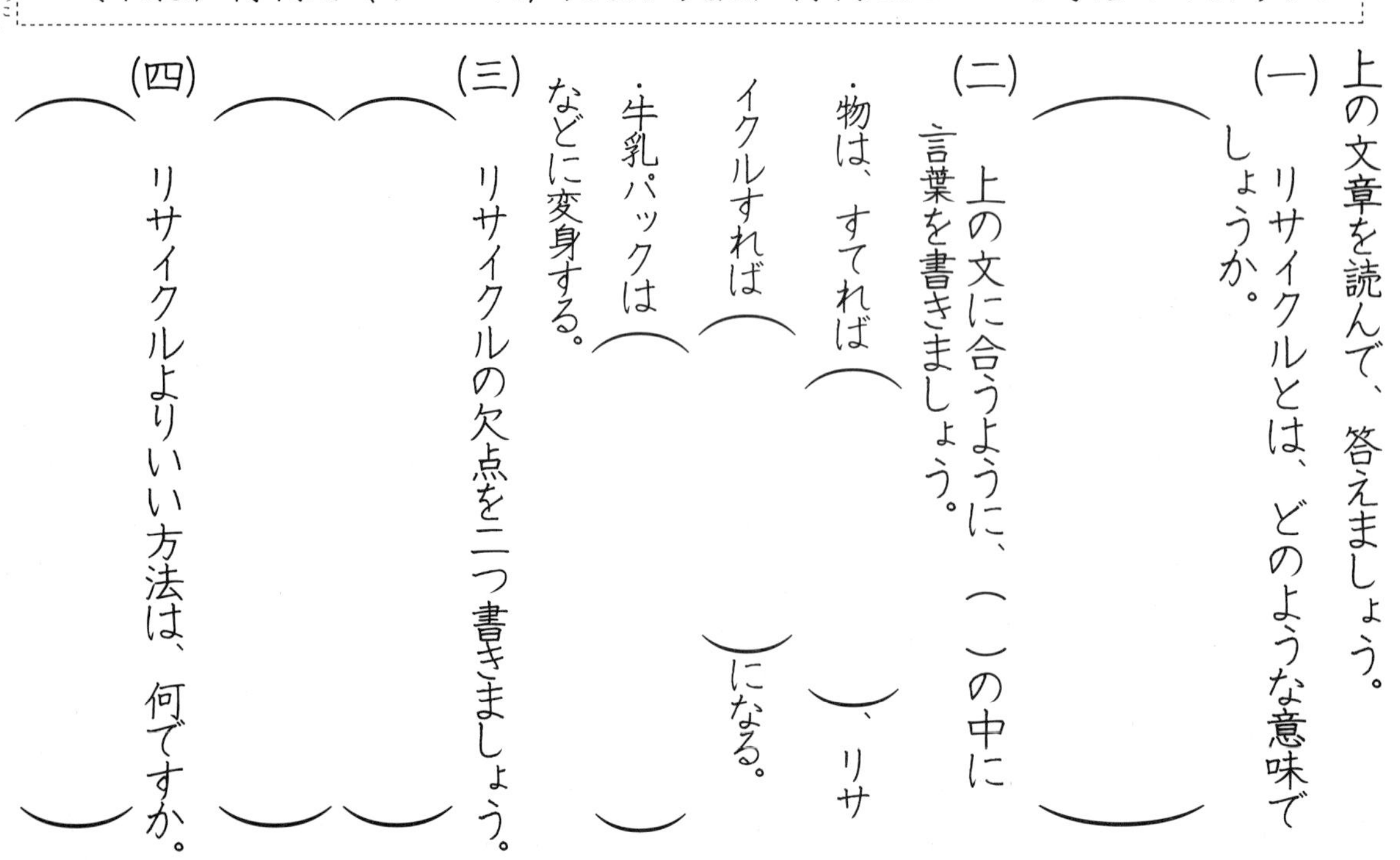

上の文章を読んで、答えましょう。

(一) リサイクルとは、どのような意味でしょうか。

（　　　　　）

(二) 上の文に合うように、（　）の中に言葉を書きましょう。

・物は、すてれば（　　　）、リサイクルすれば（　　　）になる。

・牛乳パックは（　　　）などに変身する。

(三) リサイクルの欠点を二つ書きましょう。

（　　　　　）

（　　　　　）

(四) リサイクルよりいい方法は、何ですか。

（　　　　　）

リサイクルより たいせつなもの(2)

名前［　　　　　　　　　　］

再利用(さい)っていうのは，物をつぶさないで利用することなんだ。ドイツでは，飲んだあとのペットボトルを何回もあらって使うんだ。

クイズ2

ドイツではペットボトルを何回くらい使うのかな？
2けたの数字だよ。
①やく5回　②やく30回　③やく100回

1回ですてられてしまう日本のペットボトルは，かわいそうだし，ポイすてなんかは，もっとひどいね。

日本でも，牛にゅうびんやビールびんなどが再利用されているんだ。ほかに再利用されている物には，どんなものがあるかな？

最近，フリーマーケットなんかで，いらなくなった洋服や，おもちゃなどの品物を売り買いして，物を再利用するようになったんだ。日本でもあちらこちらで，さかんにフリーマーケットが開かれているよ。みなさんも参加してみない？　楽しいよ！

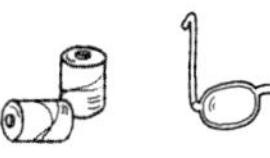

クイズ3

日本で再利用されている品物は，どれかな？
リサイクルではなくて再利用だよ。
①自動車　②めがね　③電池

（大阪書籍　小学国語4年（上）　阪本(さかもと)　将英(まさひで)　田坂(たさか)　節子(せつこ)）

上の文章を読んで、答えましょう。

(一)
① 再利用とは、どのような意味でしょう。
（　　　　　　　）
② ドイツでは具体的にどんなことをしていますか。
（　　　　　　　）

(二) 日本で以前から再利用されている物を、二つ書きましょう。
（　　　　　）（　　　　　）

(三) フリーマーケットでは、どんなことをしていますか。
（　　　　　　　）

(四)
① クイズ2の答えは？（　　）
② クイズ3の答えは？（　　）

リサイクルより たいせつなもの(3)

名前［　　　　　　　　　　］

昔は，古道具屋，古着屋，空きびん屋なんかをたくさんの人が利用してたんだ。うんちやおしっこやはいも集められ，肥料（ひりょう）として利用されてたんだよ。

たいせつなのは，まず物を再利用すること。再利用できなくなってから，リサイクルすることが重要なんだよね。

昔のことを知っているおじいさん，おばあさんと話してみよう。「お下がりって何のことですか？」と聞いてごらん。それをきっかけに，物の再利用について，いろいろなことを教えてもらえると思うよ。

（大阪書籍　小学国語4年（上）　坂本（さかもと）将英（まさひで）　田坂（たさか）節子（せつこ））

上の文章を読んで、答えましょう。

(一) 昔よく利用された、再利用のための店を三つ書きましょう。

（　　　）（　　　）（　　　）

(二) 昔、肥料として再利用されていたものを三つ書きましょう。

（　　　）（　　　）（　　　）

(三) 再利用とリサイクルの、どちらを先に考えるべきですか。

（　　　）

(四) 「お下がり」という言葉の意味で、あっているものに三つ○をしましょう。

（　）神・仏様にそなえたものをいただくこと

（　）山をおりること

（　）お客に出した飲食物の残り

（　）目上の人からゆずり受けた、使用済みの衣類や品物

（　）坂道を下の方へ行くこと

授業の発問事例・テスト・宿題等に使える

長文読解力問題

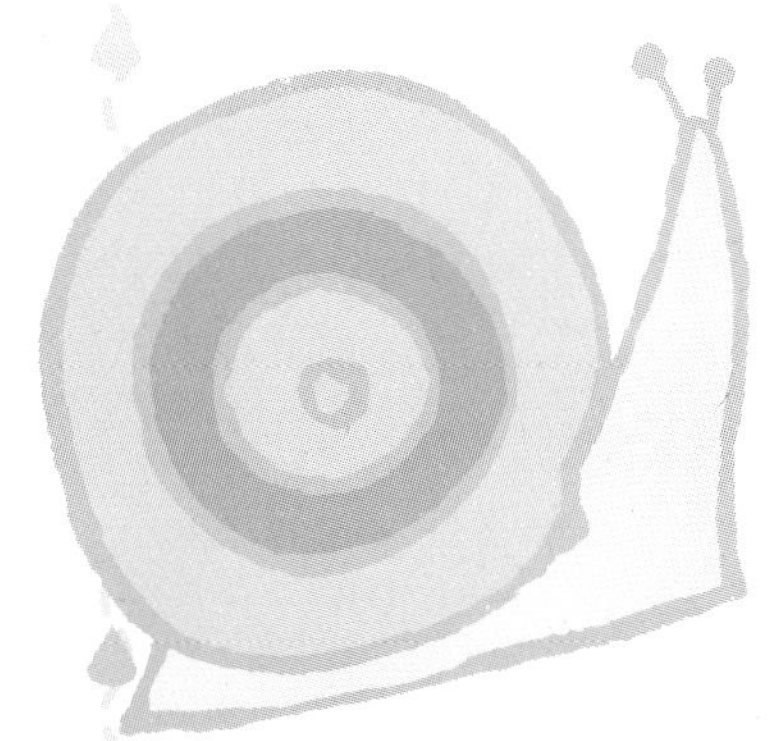

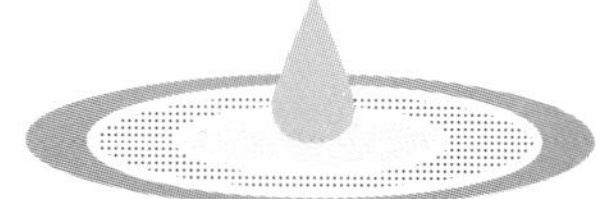

「かむ」ことの力 (1)

名前

「よくかんで食べなさい。」と、いつも言われていませんか。かむって、どういうことなのでしょう。また、よくかむと、どんないいことがあるのでしょう。ア いっしょに考えてみましょう。

食べ物を一口、口の中に入れてみましょう。熱い、冷たい、かたい、やわらかい、大きい、小さいなど、イ 食べ物にはさまざまなちがいがあります。その食べ物を上あごと下あごの歯でかむと、食べ物の様子が脳に伝わります。脳は、ウ その知らせを受けて、「この食べ物は、このようにかみなさい。」と、よくかみくだけるように、あごを動かす筋肉に指令を出します。また、だえきを出すようにという指令も出します。そうして、かめばかむほど、食べ物は口の中でだえきとまじり、だんだん小さく、やわらかくなっていきます。こうすることで飲みこみやすくなった食べ物は、初めてごっくんと食道に送りこまれるのです。

これらのひとつながりの動作をエ「そしゃく」といいます。そしゃくは、食べ物に直接ふれる歯、あごの骨、あごの関節、あごを動かす筋肉、口のまわりの筋肉、ほお、した、くちびるなど、多くの部分がたがいにうまく協力しないとできません。これらの部分は、動けば動くほど、きたえられて強くなります。つまり、かめばかむほど、歯も骨も関節も筋肉も強くなるということです。

（光村図書　国語　4年（上）かがやき　金田　洌）

上の文章を読んで、答えましょう。

(一) ア いっしょに考えてみましょう。とありますが、どんなことを、これから考えるのでしょう。二つ書きましょう。(8×2)

（　　　　）
（　　　　）

(二) イ 食べ物にはさまざまなちがいがあります。と書かれていますが、どんなちがいでしょう。反対言葉で三組書きましょう。(6×3)

（　　）↔（　　）
（　　）↔（　　）
（　　）↔（　　）

(三) ウ その知らせとは、どんな知らせですか。(10)

（　　　　）

(四) 食べ物を口の中に入れた後、脳から出す指令を二つ書きましょう。(8×2)

（　　　　）
（　　　　）

(五) ① (四)で出された指令により、よくかまれた食べ物はどんな様子になりますか。(8)

（　　　　）

② ①の食べ物は、どこへ送りこまれますか。(8)

（　　）に送りこまれる。

(六) エ そしゃくするとき、どんな部分がたがいに協力するのですか。八つ書きましょう。(3×8)

（　）（　）（　）（　）
（　）（　）（　）（　）

「かむこと」の力 (2)

名前

（光村図書　国語　4年（上）かがやき　金田　冽）

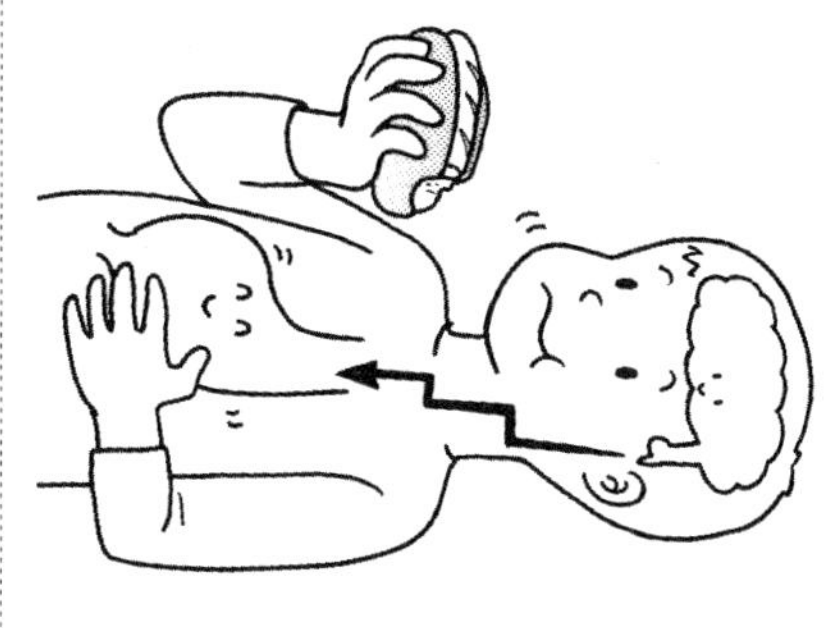

また、かめばかむほど、だえきもたくさん出てきます。だえきがたくさん出ることは、消化を助けるだけでなく、歯の健康にとっても大事です。ふつう、だえきは一日におよそ一リットルほど出ます。大量のだえきは、歯の表面のよごれやばい菌などをあらい流して、虫歯になるのをふせぐ働きをします。また、だえきには歯と同じ成分がふくまれていて、歯の表面にできた初期の虫歯に対しては、元の健康な歯にもどるのを助けてくれます。

かめばかむほどいいことは、ほかにもあります。

まず、食べ物をだえきといっしょに数十回もよくかむと、脳から「もうおなかがいっぱいだよ。」という知らせが出されます。脳はかむことを通して、胃や腸がちょうどいい具合に働くように、食べ物の量を調整しているのです。よくかまないで飲みこむと、いつまでも知らせが出ず、食べすぎてしまったり、胃や腸がつかれて、栄養が取り入れられなくなったりします。

上の文章を読んで、答えましょう。

(一) 食べ物をかめばかむほど、何がたくさん出てくるのでしょうか。 (10)

(二) だえきがたくさん出ると、どんなよいことがありますか。二つ書きましょう。 (10×2)

(三) 大量のだえきが、虫歯になるのをふせぐ働きをするのは、どうしてですか。 (10)

(四) だえきが、初期の虫歯を元の健康な歯にもどす助けができるのは、どうしてですか。 (10)

(五) だえきは一日におよそ何リットル出ますか。 (10)

(六) ① 食べ物をだえきといっしょに数十回もよくかむと、脳からどんな知らせが出されますか。 (10×2)

② その知らせを出して、脳は何を調整していますか。

(七) 食べ物をよくかまないで飲みこむと、どんなことがおこりますか。二つ書きましょう。 (10×2)

#「かむこと」の力

(3)

名前

次に、歯や歯のまわりの骨・筋肉が強くなると、歯を食いしばる力が強くなります。実は、歯を食いしばる力と、体全体の力は関係していることが分かっています。つな引きで力いっぱいにつなを引いているときや、ドッジボールで球を投げたり受け止めたりするとき、わたしたちは思い切り歯を食いしばっています。アこのとき、ものすごい力が歯にかかっています。虫歯があっては強い力は出せません。［①］、歯の強さが左右でちがっていると、体全体の力も左右のバランスがとれなくなることがあります。ですから、歯の全体を使ってよくかむことは、イ体全体の成長や活動にとってとても大切です。

さらに、かむことは脳の働きと結び付いているので、よくかむことで、脳の働きが活発になります。朝ごはんをよくかんで食べると、ウそれによって脳の働きが活発になり、ねむ気がさめて心が安定し、学習能力も高まるということが分かっています。

［②］、かむことは、わたしたちの体全体にかかわる大切な働きであることが分かりました。人間の体は、どこをとっても、たがいにつながり合っています。それぞれの部分の働きが、他の部分の活動や発達に深くかかわっているのです。

光村図書 国語 4年(上) かがやき 金田 洌

上の文章を読んで、答えましょう。

(一) 強く歯をくいしばる力が強くなるためには、何が強くないといけませんか。 (10)

(二) 思い切り歯をくいしばるのは、どんなときですか。本文から二つ書きましょう。 (10×2)

(三) アこのときとは、どんなときですか。 (10)

(四) ① 歯を食いしばるとき、虫歯があると、どうなりますか。 (10×2)

② 歯の強さが左右でちがうと、どうなりますか。

(五) イ体全体の成長や活動にとってとても大切なことは、どんなことですか。 (10)

(六) ［①］・［②］に当てはまる言葉を［ ］から選んで（ ）に書きましょう。 (10×2)

① ② 　［また　このように・しかし］

(七) ウそれは、何を指しますか。 (10)

手と心で読む (1)

名前

みなさんの中で、駅の自動券売機の表面に、小さな点のつき出たところがあるのに気づいた人はいませんか。よく注意してみると、ゆうびん局や、市役所などの中でも見つかるかもしれません。それは、点字といって、わたしたち目の不自由な者が、指でさぐって読む文字なのです。

点字について、わたしには、こんな思い出があります。

十九さいのとき、わたしは、急に目を悪くして入院しました。もう回復は望めないと分かってからも、しばらくの間、アわたしは点字を覚える気になれませんでした。また、新聞の大きな見出しぐらいは読んでいましたし、太い鉛筆で文字を書く練習もしていました。それまで親しんでいた文字とはなれることは、まるで心のふるさとを失うように思えたのです。

そんなわたしに、点字を覚えるように働きかけたのは、母でした。母は、いつの間にか点字を習いに通っていたようです。一九四四年の冬のある日、病室にやって来た母は、少しあつめの紙をわたしに手わたして、言いました。

「いっしょに勉強してみようよ。」

母が自分の手で打ってきた北原白秋の詩を、わたしはわすれることができません。

からまつの林を過ぎて、
からまつをしみじみと見き。

点字を指先で読み取るのは、初めのうちはなかなかむずかしいことです。かじかむ指をあたためあためわたしは、何日もかかって、ようやくイ一編の詩を読んだのでした。

（光村図書　国語　4年(上)　かがやき　大島健甫）

上の文章を読んで、答えましょう。

(一) 点字は、どんな所で見かけますか。三つ書きましょう。(5×3)

(　　　)(　　　)(　　　)

(二) 点字とは、どんな文字ですか。(10)

(　　　)

(三) わたしが、急に目を悪くしたのは、何さいのときですか。(10)

(　　　)

(四) アわたしは点字を覚える気になれませんでした。とありますが、どうしてですか。(10)

(　　　)

(五) ① 「いっしょに勉強してみようよ。」は、だれが、だれに言った言葉ですか。(5×3)

(　　　)が(　　　)に言った。

② それは、いつのことですか。

(　　　)

(六) ① 少しあつめの紙には、何が書かれていましたか。(10×2)

(　　　)

② それは、どんな文字で書かれていましたか。

(　　　)

(七) イ一編の詩とは、だれがかいた、どんな詩ですか。(10)

(　　　)

(八) 点字を覚える気になれなかったわたしが、なぜ詩を読む気になったのですか。(10)

(　　　)

手と心で読む

(2)

名前

ア勉強し始めてみると、自分で自由に使える文字をもつことが、どんなに楽しく、どんなに大切であるかが分かってきました。読む速さも、練習とともにどんどんまして、点字の図書館から次々に本を借りて読みました。そのうちには、読みたい本がまだ点字になっていないのが、もどかしく感じられるほどになったのでした。

今、世界で使われている点字は、一八二五年、フランスのルイ＝ブライユという人が考え出したものです。日本では、イそれを五十音に組みかえて使っています。この点字は、たて三点、横二列の六点で一文字が作られています。これらの点を、あるものは打ち出し、あるものは空白にしておく組み合わせで、五十音と、そのほか十数種類の記号ができるのです。□、記号と文字とを組み合わせて、数字やローマ字、音符などを表すこともできます。盲学校の子どもたちは、これらを使って作られた教科書で学習しています。

知識や考え、思いを伝え合うことができるのは、文字のもつ大きなめぐみです。目の不自由な人の中にその文字、点字をもちこんだのは、ルイ＝ブライユでした。最近では、わたしたちにもふつうの文字が打てる盲人用ワープロとか、本を読んでくれる機械などが作られています。

これからも、人間のちえは、人々の心を結ぶ便利な道具や方法を考え出し、多くの人によろこびをもたらしていくでしょう。

(光村図書　国語　4年(上)　かがやき　大島健甫)

上の文章を読んで、答えましょう。

(一) ア勉強し始めてみると、とありますが、何を勉強し始めたのですか。⑩

(　　)

(二) 練習とともに、読む速さはどうなっていきましたか。⑩

(　　)

(三) ルイ＝ブライユは、何をした人ですか。⑩

(　　)

(四) イそれは、何を指していますか。⑩

(　　)

(五) 点字について答えましょう。

① 点字の一文字は、たて、横いくつの点で作られていますか。⑩

(　　)

② 点字の記号と文字を組み合わせると、どんなものを表すことができますか。三つ書きましょう。(7×3)

(　　)(　　)(　　)

(六) □に当てはまる言葉を、［　］から選んで○をしましょう。(9)

［　さらに　・　しかし　・　では　］

(七) 目の不自由な人のために最近作られた、人々の心を結ぶ便利な道具には、どんなものがありますか。二つ書きましょう。(10×2)

(　　)(　　)

アップとルーズで伝える (1)

名前

1

テレビでサッカーの試合を放送しています。今はハーフタイム。もうすぐ後半が始まろうとするところで、画面には会場全体がうつし出されています。両チームの選手たちは、コート全体に広がって、たがいにボールを回し、体を動かしています。観客席はほぼ満員といっていいでしょう。スクリーンには黄色一色のおうえん席がうつっています。おうえんするチームのチームカラーの洋服などを身に着けた人たちです。会場全体が静かに、こうふんをおさえて、開始を待ち受けている感じが伝わります。

2

いよいよ後半が始まります。画面は、コートの中央に立つ選手を大きくうつし出しました。ホイッスルと同時にボールをける選手です。目はボールの方を見、少しきんちょうした顔つきです。

3

初めの画面のように、広いはんいをうつすとり方を「ルーズ」といいます。次の画面のように、ある部分を大きくうつすとり方を「アップ」といいます。アップとルーズでは、どんなちがいがあるのでしょう。

(光村図書 国語 4年(下)はばたき 中谷日出)

上の文章を読んで、答えましょう。

(一) ① テレビの画面は何の試合を放送していますか。 (10×2)

(　　　　)

② 今は、その試合のどんな時間帯ですか。

(　　　　)

(二) ① うつし出された両チームの選手たちは、どんな様子ですか。 (10×3)

(　　　　)

② 観客席は、どんな様子ですか。

(　　　　)

③ なぜ、おうえん席が黄色一色なのでしょうか。

(　　　　)

(三) ① 後半の画面に、最初にうつし出されたのはだれですか。 (10×2)

(　　　　)

② ①の人は、どんな様子ですか。

(　　　　)

(四) 「ルーズ」とは、どんなとり方ですか。 (10)

(　　　　)

(五) 「アップ」とは、どんなとり方ですか。 (10)

(　　　　)

(六) 「ルーズ」と「アップ」でとっただん落を1～3から選んで番号を書きましょう。 (5×2)

ルーズ→(　　)

アップ→(　　)

アップとルーズで伝える ⑵

名前

アップでとったゴール直後のシーンを見てみましょう。ゴールを決めた選手が両手を広げて走っています。ユニホームは風をはらみ、口を大きく開けて、全身で喜びを表しながら走る選手の様子がよく伝わります。アップでとると、細かい部分の様子がよく分かります。しかし、アこのとき、ゴールを決められたチームの選手は、どんな様子でいるのでしょう。それぞれのおうえん席の様子はどうなのでしょう。走っている選手以外の、うつされていない多くの部分のことは、アップでは分かりません。

試合終了(りょう)直後のシーンを見てみましょう。勝ったチームのおうえん席です。大きくふられる大小の旗やたれまく、立ち上がっている観客と、イそれに向かって手をあげる選手たち。選手とおうえんした人たちとが一体となって勝利を喜び合っています。ルーズでとると、広いはんいの様子がよく分かります。でも、各選手の顔つきや視(し)線、ウそれらから感じられる気持ちまでは、なかなか分かりません。

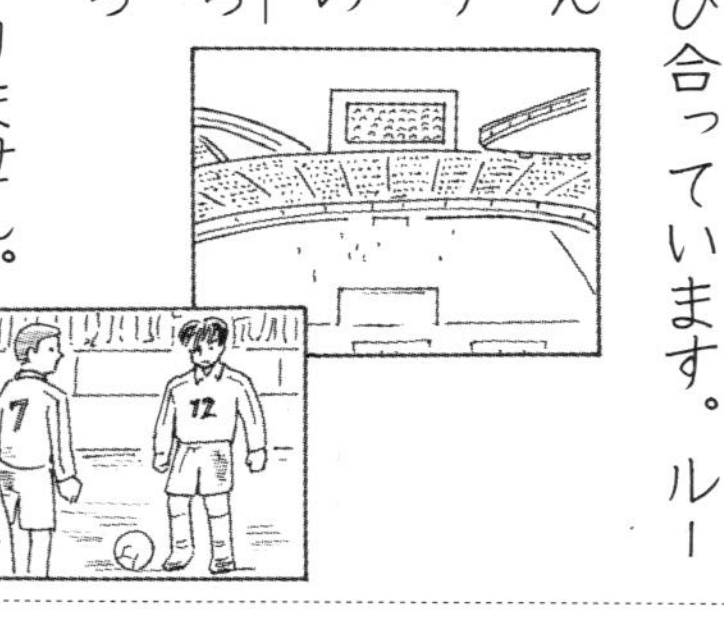

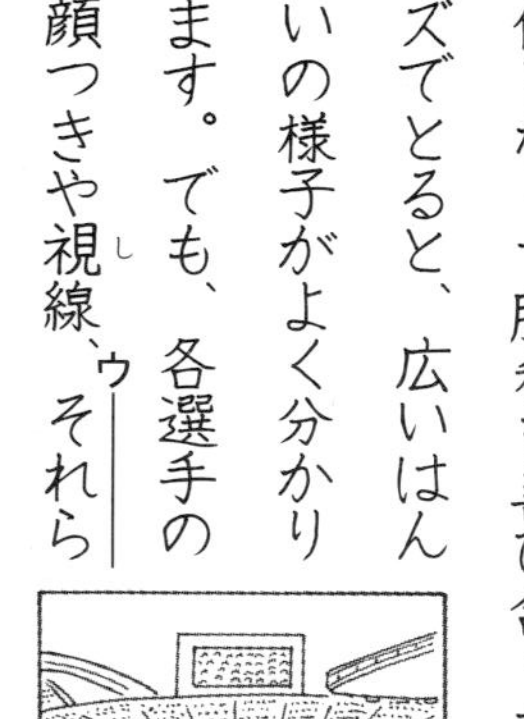

（光村図書 国語 4年(下) はばたき 中谷(なかや)日出(ひで)）

上の文章を読んで、答えましょう。

(一) アップでとった、ゴールを決めた選手について答えましょう。(10×2)

① どのように走っていますか。

（　　　　　）

② 選手の細かい部分の様子を書きましょう。

（　　　　　）

(二) アこのときとは、いつを指していますか。(10)

（　　　　　）

(三) アップでとった、ゴール直後のシーンでは、どんな様子がうつされていないのですか。二つ書きましょう。(10×2)

（　　　　　）

（　　　　　）

(四) 試合終了直後のシーンは、アップとルーズのどちらでとっていますか。(10)

（　　　　　）

(五) ルーズのとり方で、よく分かる所と分からない所を書きましょう。(10×2)

よく分かる所

（　　　　　）

よく分からない所

（　　　　　）

(六) イそれ・ウそれらは、何を指していますか。(10×2)

イ（　　　　　）

ウ（　　　　　）

アップとルーズで伝える ⑶

名前

1 このように、アップとルーズには、それぞれ伝えられることと伝えられないことがあります。それで、テレビでは、ふつう、何台ものカメラを用意していろいろなうつし方をし、目的におうじてアップとルーズを切りかえながら放送をしています。

2 写真にも、アップでとったものとルーズでとったものがあります。新聞を見ると、伝えたい内容に合わせて、アどちらかの写真が使われていることが分かります。紙面の広さによっては、イそれらを組み合わせることもあります。取材のときには、いろいろな角度やきょりから、多くの写真をとっています。そして、その中から目的にいちばん合うものを選んで使うようにしています。

3 テレビでも新聞でも、受け手が知りたいことは何か、送り手が伝えたいことは何かを考えて、アップでとるかルーズでとるかを決めたり、とったものを選んだりしているのです。

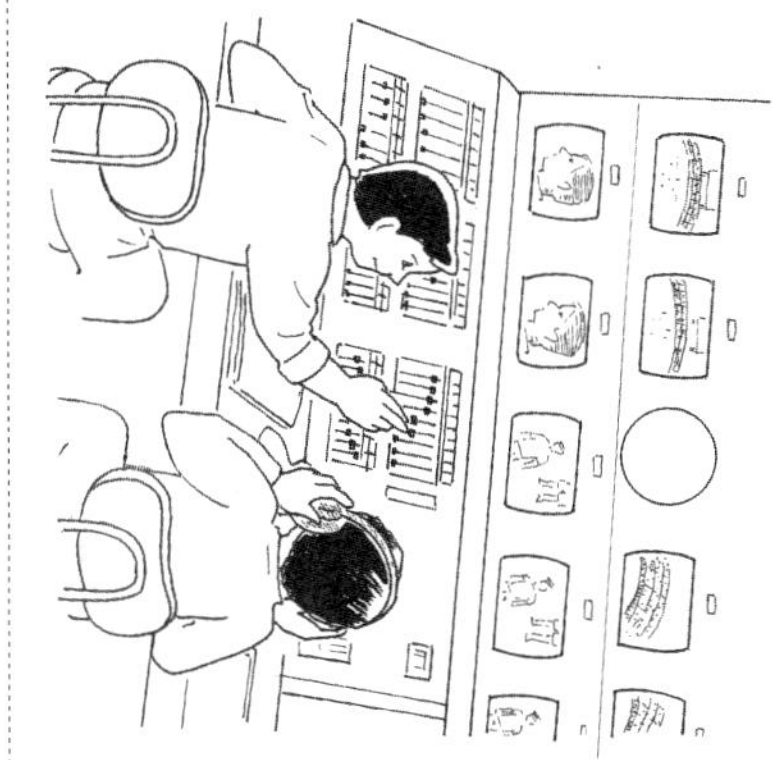

（光村図書 国語 4年（下）はばたき 中谷日出）

上の文章を読んで、答えましょう。

(一) テレビでは、ふつう、何台ものカメラを用意するのは、なぜですか。(15)

（　　　）

(二) アどちらかの写真とは、何と何の写真ですか。(10×2)

（　　　）（　　　）

(三) イそれらは、何を指していますか。(10)

（　　　）

(四) ① 取材のときには、写真をどのようにとりますか。(10×2)

（　　　）

② 新聞の紙面には、その写真をどのように使いますか。

（　　　）

(五) 写真をアップでとるかルーズでとるか決めたり、とったものを選ぶとき、何を考えているのですか。(15)

（　　　）

(六) テレビと新聞のことが書かれているのは、それぞれ何だん落ですか。1〜3の番号で答えましょう。(10×2)

テレビ（　　　）

新聞（　　　）

ヤドカリとイソギンチャク（1）

　ヤドカリのなかまで、さんご礁（しょう）に多いソメンヤドカリは、貝がらにイソギンチャクを付けて歩き回っています。

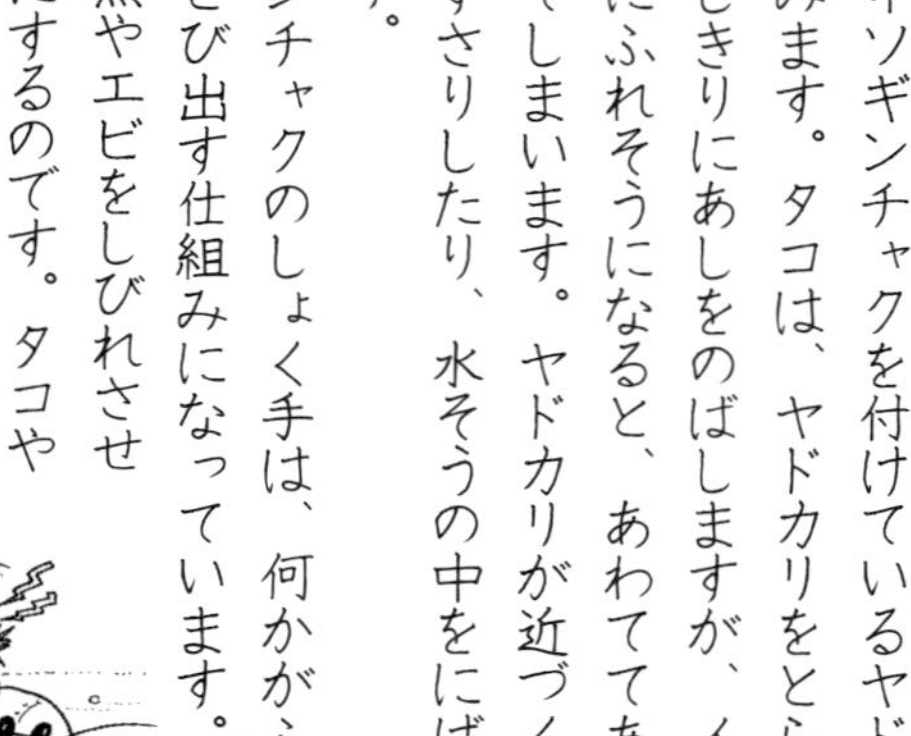

　観察してみると、ソメンヤドカリは、たいてい二つから四つのベニヒモイソギンチャクを、貝がらの上に付けています。中には九つものイソギンチャクを付けていたヤドカリの例も記録されています。

　このようなヤドカリのすがたは、いかにも重そうに見えます。ア それなのになぜ、ヤドカリは、いくつものイソギンチャクを貝がらに付けているのでしょうか。

　イ このことを調べるために、次のような実験をしました。

　おなかをすかせたタコのいる水そうに、イソギンチャクを付けていないヤドカリを放します。タコはヤドカリが大好物なので、長いあしですぐヤドカリをつかまえ、貝がらをかみくだいて食べてしまいます。

　次に、イソギンチャクを付けているヤドカリを入れてみます。タコは、ヤドカリをとらえようとしてしきりにあしをのばしますが、イソギンチャクにふれそうになると、あわててあしを引っこめてしまいます。ヤドカリが近づくと、タコは後ずさりしたり、水そうの中をにげ回ったりします。

　イソギンチャクのしょく手は、何かがふれるとはりがとび出す仕組みになっています。ウ そのはりで、魚やエビをしびれさせて、えさにするのです。タコや魚はエ このことをよく知っていて、イソギンチャクに近づこうとはしません。それで、ヤドカリは、イソギンチャクを自分の貝がらに付けることで、敵（てき）から身を守ることができるのです。

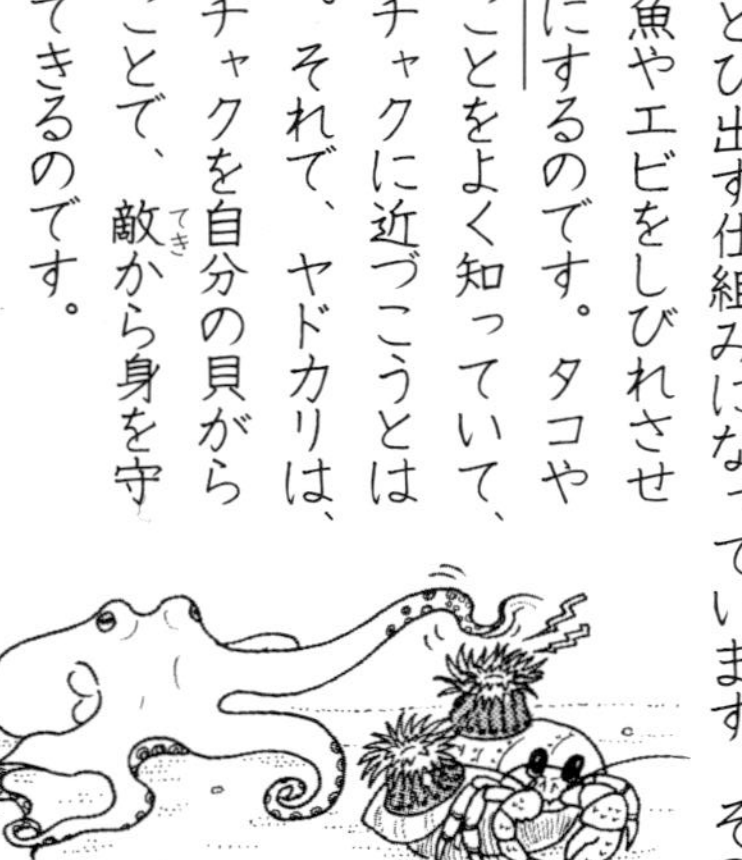

（東京書籍　新編　新しい国語　4年（上）　武田（たけだ）　正倫（まさつね））

名前

上の文章を読んで、答えましょう。

（一）ソメンヤドカリは、貝がらの上に何を付けていますか。（10）

（　　　　）

（二）ア それなのには、何を指していますか。（10）

（　　　　）

（三）イ このことは、何を指していますか。（10）

（　　　　）

（四）二つの実験について答えましょう。

① はじめの実験では、何のいる水そうに、何を入れるのですか。（5×2）

（　　　　）のいる水そうに

（　　　　）を入れる。

② ①の結果、ヤドカリはどうなりましたか。（10）

（　　　　）

③ 次の実験では、タコのいる水そうに何を入れますか。（10）

（　　　　）

④ ③の実験で、ヤドカリが近づいたときのタコの様子を書きましょう。（10）

（　　　　）

（五）ウ そのはりは何を指していますか。（10）

（　　　　）

（六）エ このこととは、どんなことですか。（10）

（　　　　）

（七）ヤドカリが、イソギンチャクを貝がらに付けるわけを書きましょう。（10）

（　　　　）

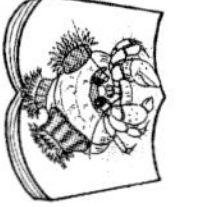

ヤドカリとイソギンチャク⑵

名前

では、ヤドカリは、石に付いたイソギンチャクを、どうやって自分の貝がらにうつすのでしょうか。ヤドカリが、イソギンチャクのはりでさされることはないのでしょうか。

ヤドカリとイソギンチャクの関係を研究しているカナダのロス博士は、ヤドカリとイソギンチャクがどのようにしていっしょになるのか、水そうで観察しました。

ソメンヤドカリを飼っている水そうに、石などに付いたベニヒモイソギンチャクを入れます。ヤドカリは、自分の貝がらにイソギンチャクを付けていても、イソギンチャクを見れば、いくつでもほしくなるようです。ア<u>すぐ近づいてきて</u>、あしを使ってイソギンチャクの体をつついたり、両方のはさみで引っぱったりして、イソギンチャクをはがしてしまいます。［①］、かかえるようにして自分の貝がらの上におし付けるのです。ずいぶんイ<u>手あらな方法</u>に見えますが、イソギンチャクはしょく手をのばしたままで、いかにも気持ちよさそうに見えます。はりもとび出しません。

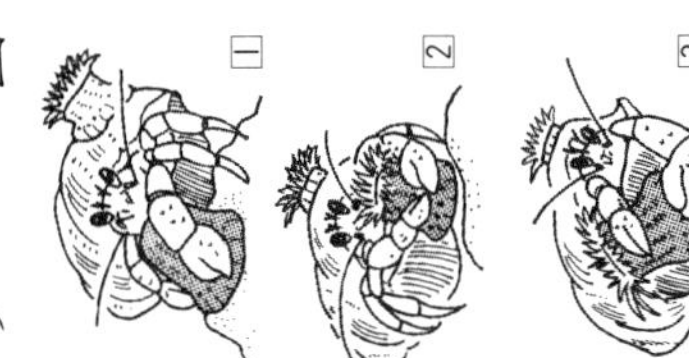

［②］、イソギンチャクは、ヤドカリの貝がらに付くことで、何か利益があるのでしょうか。

ウ
ヤドカリに付いていないベニヒモイソギンチャクは、ほとんど動きません。［③］、えさになる魚やエビが近くにやってくるのを待つしかありません。しかし、ヤドカリに付いていれば、いろいろな場所に移動することができるので、その結果、えさをとる機会がふえます。また、ヤドカリに付いていると、ヤドカリの食べ残しをもらうこともできるのです。

さんご礁の美しい海では、いくつものベニヒモイソギンチャクを貝がらに付けた、ソメンヤドカリを見ることができます。ヤドカリとイソギンチャクは、このように、たがいに助け合って生きているのです。

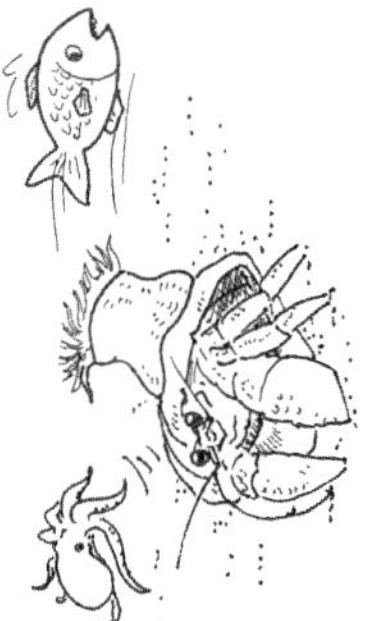

（東京書籍　新編　新しい国語　4年(上)　武田正倫）

ヤドカリとイソギンチャク(2)

名前

「ヤドカリとイソギンチャク」(2)を読んで、答えましょう。

(一) ① 水そうで観察したのは、だれですか。 (5×2)

（　　）

② 何を調べるために観察したのですか。

（　　）

(二) アすぐ近づいてきてとありますが、何がどこに近づくのでしょう。 (5×2)

（　　）が（　　）に近づく。

(三) イ手あらな方法とありますか、具体的にその方法を二つに分けて説明しましょう。 (10×2)

（　　）

（　　）

(四) ヤドカリの貝がらに付けられるときの、イソギンチャクの様子を書きましょう。 (5)

（　　）

(五) ①～③に当てはまる言葉を［　］から選んで、（　）に書きましょう。 (5×3)

①（　　）　②（　　）　③（　　）

［では・そして・けれども・ですから］

(六) イソギンチャクは、ヤドカリの貝がらに付くことで、どんな利益がありますか。二つ書きましょう。 (10×2)

（　　）

（　　）

(七) ① 助け合って生きているのは、何と何ですか。 (5×4)

（　　）と（　　）

② ウの文では、何が何を助けていますか。

（　　）が（　　）を助けている。

ウミガメのはまを守る (1)

名前

静岡県御前崎町のすなはまには、毎年五月から九月にかけて、たくさんのアカウミガメがたまごを産みに上陸します。その数は、一九九〇年ごろには、五百頭をこえたこともあります。今でも、毎年百頭くらいのアカウミガメが、このすなはまにやってきます。

御前崎町は、カツオ漁を中心に発てんした町です。人々は、「カメがいると大漁になる。」と言って、昔からウミガメを大切にしてきました。ウミガメがカツオの群れの近くを泳いでいることがあり、その様子が、カツオを連れているように見えるからです。海岸に死んだカメが打ち上げられると、人々はお墓を作ってうめました。このお墓はカメ塚といって、今でも町の中で目にすることができます。

今から三十年ほど前に、この町に開発の波がおしよせてきました。アそれ以来、すなはまは年を追ってせまくなりました。すなはまの一部がうめ立てられ、海岸に道路や防潮堤をつくるための工事が始まったからです。海に流れ込む、近くの大きな川の上流にダムが建設され、川の上流からすなが運ばれてこなくなったことも関係しています。

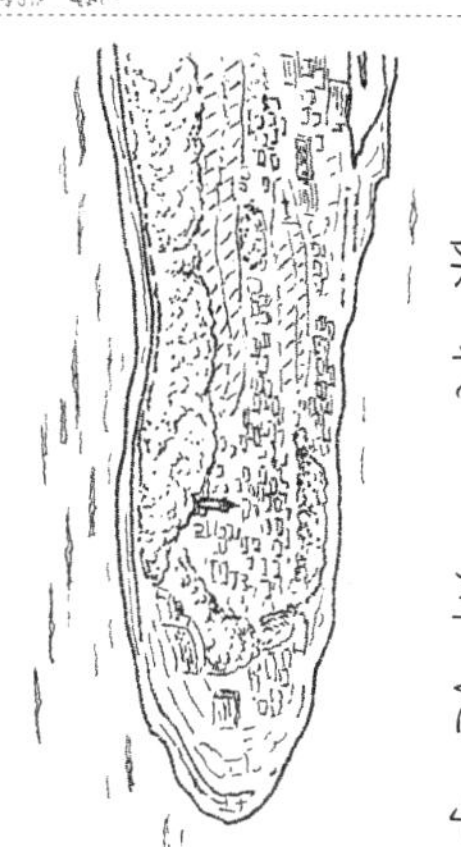

（東京書籍 新編 新しい国語 4年(下) 清水達也）

上の文章を読んで、答えましょう。

(一) たくさんのアカウミガメがたまごを産みに上陸する場所と、時期を答えましょう。(10×2)

・場所 (　　)

・時期 (　　)

(二) そこに上陸するウミガメの数を書きましょう。(5×2)

一九九〇年ごろ (　　)

今 (　　)

(三) 御前崎町や、その町の人々について答えましょう。(10×4)

① どんな町ですか。(　　)

② 町の人々は、何と言ってウミガメを大切にしてきたのですか。(　　)

③ 町の人々は、なぜ②のように言ったのでしょう。(　　)

④ 海岸に死んだカメが打ち上げられると、町の人々はどうしましたか。(　　)

(四) アそれは、何を指していますか。(10)

(　　)

(五) すなはまが年を追ってせまくなったわけを、二つ書きましょう。(10×2)

(　　)

(　　)

ウミガメのはまを守る (2)

名前

ふつう、ウミガメのめすは、波打ちぎわから、できるだけはなれた所にあなをほって、すなの中にたまごを産もうとします。[①]、すなはまがせまくなったため、すぐに防潮堤(ぼうちょうてい)につき当たってしまいます。[②]、たまごを産む場所を決め、あなをほろうとしても、すなの中にごみや流木がつまっていることが多く、なかなか深いあなをほることができません。

そのため、ア<u>上陸しても、たまごを産まずに海に引き返してしまうカメが出てくるよ</u>うになりました。たとえ産み落としても、たまごが波にさらわれたり、タヌキなどに食べられたりすることが多くなりました。すなはまを走り回る自動車に、たまごがふみつぶされてしまうことも出てきました。

そこで、町の人々は、御前崎(おまえざき)町教育委員会を中心に、アカウミガメの保護(ほご)に乗り出しました。一九七二年のことです。

上の文章を読んで、答えましょう。

(一) ふつう、ウミガメのめすは、どんな所にたまごを産みますか。(10)

(　　　　)

(二) ア上陸しても、たまごを産まずに海に引き返してしまうカメが出てくるようになった理由を、二つ書きましょう。(10×2)

(　　　　)
(　　　　)

(三) [①]・[②]に当てはまる言葉を[　]から選んで書きましょう。(5×2)

① (　　　　)　② (　　　　)

[また　そして　しかし]

(四) ウミガメの産んだたまごが、だめになる例を三つ書きましょう。(10×3)

(　　　　)
(　　　　)
(　　　　)

(五) アカウミガメの保護に乗り出した町の人々について答えましょう。(5×2)

① 中心になったところを書きましょう。(　　　　)

② いつのことですか。(　　　　)

(六) あなたは、アカウミガメの保護とは、どんなことをすればよいと思いますか。具体的に二つ書きましょう。(10×2)

(　　　　)
(　　　　)

ウミガメのはまを守る (3)

名前

ウミガメがたまごを産みにやってくる時期になると、町の保護監視員たちが、毎朝、海岸のたん当地区をパトロールします。保護監視員は、ウミガメの足あとを見つけると、その足あとをたどり、前の夜ウミガメがたまごを産んだ所をさがします。そして、その場所を見つけると、すなをほり、たまごを取り出してふ化場へと運びます。

かつては、たまごはすなはまの特定の場所にまとめてうめていましたが、児童公園の中にふ化場ができてからは、毎年ここにうめています。

ふ化場では、一頭のカメが産んだたまごを、一か所にまとめてうめます。そして、その上に、たまごの数や、たまごを産んだ日付、場所を書いた小さな立て札を立てておきます。

たまごは、夜にふ化することが多いため、保護監視員は、夜になるとふ化場を見回ります。そして、ふ化した子ガメがいれば、数やふ化した日付を記録してから、海に放してやります。

町が観光客でにぎわう七月十五日から八月三十一日までの間、海岸のパトロールは、夜も行われます。すなはまで遊ぶ人の声や、花火の音などが聞こえてくると、ウミガメは、上陸しないで引き返してしまいます。そのようなことが起きないように、見回るのです。

保護監視員たちは、みな、昼間はそれぞれの仕事についていて、仕事以外の時間に、ボランティアとしてウミガメの保護に取り組んでいます。保護監視員の一人は、「朝と夜のパトロールは楽ではないので、夏が終わるとほっとします。でも、カメを見るとつかれをわすれてしまいます。」と話していました。

御前崎町では、小学生も、ウミガメの保護に取り組んでいます。

ふ化場に運ばれたたまごの中には、夏がすぎてからふ化するものがあります。秋になって生まれた子ガメを、冷たくなってきた海に放すのは心配です。海水の温度が低いと、体温が下がり、体が動かなくなってしまうからです。

そこで、これらの子ガメは、御前崎小学校にあずけられ、次の夏が来るまで、五年生全員の手で育てられます。

当番になった児童は、朝早く登校し、子ガメの様子や、水そうの水のよごれ、水の量などを見てから、えさをやります。そして、子ガメの大きさと体重をはかって記録します。こうして子ガメを大切に育て、次の年の初夏、あたたかくなってきた海に放してやります。

また、御前崎小学校、御前崎中学校は、毎年初夏、全校をあげて海岸のせいそうを行っています。ウミガメがたまごを産みやすいように、海岸のごみや流木を取りのぞくのです。

ウミガメは、自分が生まれたすなはまにもどってきて、たまごを産むといわれています。御前崎町の人々は、このすなはまで生まれたウミガメが、一頭でも多くもどってくるようにと願い、ウミガメを保護する活動に取り組んでいます。

（東京書籍　新編　新しい国語　4年(下)　清水達也）

ウミガメのはまを守る ⑶

名前

「ウミガメのはまを守る」⑶を読んで、答えましょう。

(一) ウミガメがたまごを産みにやってくる時期になると、町の保護監視員は、いつ、どこをパトロールしますか。(5×2)

・いつ（　　　）

・どこを（　　　）

(二) パトロールで保護監視員たちがウミガメの足あとを見つけてから、子ガメを海に放すまでの仕事を三つ書きましょう。(8×3)

（　　　）

（　　　）

（　　　）

(三) ① 海岸のパトロールが、夜も行われるのは、いつからいつまでの間ですか。(8×2)

（　　　）

② 夜もパトロールするのは、どうしてですか。

（　　　）

(四) 町の保護監視員は、昼間は何をしていますか。(8)

（　　　）

(五) 御前崎小学校の五年生が取り組んでいる、ウミガメの保護について書きましょう。(8×4)

① 御前崎小学校にあずけられるのは、どんなウミガメですか。

（　　　）

② なぜ、①のウミガメを海に放さずに、御前崎小学校にあずけるのでしょう。

（　　　）

③ 当番になった児童のしていることを、二つ書きましょう。

（　　　）

（　　　）

(六) (五)以外で、御前崎小学校・中学校が、全校でウミガメの保護に取り組んでいることを書きましょう。(10)

（　　　）

くらしの中の和と洋 (1)

名前

日本では、くらしの基本(きほん)である「衣食住」のどれにも、「和」と「洋」が入りまじっています。「衣」には和服と洋服があり、「食」には和食と洋食があり、「住」には和室と洋室があります。「和」は、伝統的(でんとうてき)な日本の文化にもとづくもので、「洋」は、主として欧米(おうべい)の文化から取り入れたものを指します。

ここでは、「衣食住」の中の「住」を取り上げ、日本のくらしの中で「和」と「洋」それぞれの良さがどのように生かされているか、考えてみましょう。

和室と洋室の最も大きなちがいは、ゆかの仕上げ方とそこに置かれる家具だといってよいでしょう。和室は、ゆかにたたみをしいて仕上げ、あまり家具を置かないようにします。一方、ほとんどの洋室は、板をはったり、カーペットをしいたりしてゆかを仕上げ、いすを代表として、テーブル、ベッドなど、部屋の目的に合わせた家具を置きます。ア このちがいが、それぞれの部屋の中でのすごし方や、部屋の使い方の差を生み出すと考えられます。

和服と洋服

和食と洋食

上の文章を読んで、答えましょう。

(一) 「和」と「洋」は、どんなものを指しますか。(10×2)

「和」（　　　　）

「洋」（　　　　）

(二) くらしの基本である「衣食住」の中で、「和」と「洋」にはどんなものがありますか。(5×6)

	「衣」	「食」	「住」
「和」			
「洋」			

(三) 和室と洋室の最も大きなちがいは何でしょうか。(10)

（　　　　）

(四) 和室と洋室のちがいを、具体的に左の表に書きこみましょう。(8×4)

	ゆか	家具
和室		
洋室		

(五) ア このちがいが、何を生み出すと考えられますか。(8)

（　　　　）

（東京書籍　新編　新しい国語　4年(下)）

くらしの中の和と洋 (2)

名前

1 まず、ア<u>それぞれの部屋</u>の中ですごすときのことを考えてみましょう。

2 わたしたちが和室ですごすとき、ざぶとんをしくかしかないかは別にして、たたみの上に直(ちょく)接(せつ)すわります。イ<u>それ</u>に対して、洋室では、いすにこしかけてすわるのがふつうです。

3 和室、洋室でのすごし方には、それぞれどんな良さがあるのでしょうか。

4 和室のたたみの上では、ウ<u>いろいろなしせい</u>をとることができます。きちんとした場では正ざをし、くつろぐときにはひざをくずしたり、あぐらをかいたりしてすわります。ねころぶこともできます。

和室

5 人と人との間かくが自由に変えられるのもたたみの良さです。相手が親しければ近づいて話し、目上の人の場合には少しはなれて話すというように、自然にきょりの調節ができます。また、たたみの場合には、多少人数が多くても、間をつめればみんながすわれます。

6 洋室で使ういすには、いろいろな種類があります。くつろぐ、勉強をするなど、それぞれの目的に合わせたしせいがとれるように、形がくふうされています。［　］、長時間同じしせいですわっていても、つかれが少なくてすみます。

洋室

7 いすにすわっている状(じょう)態(たい)から、次の動作にうつるのがかん単であることも、いすの良さです。体の重みを前方にうつし、こしをうかせれば立ち上がれます。上半身の移(い)動(どう)もわずかです。

（東京書籍　新編　新しい国語　4年(下)）

上の文章を読んで、答えましょう。

(一) ア<u>それぞれの部屋</u>とは、どんな部屋でしょう。(5×2)

（　　　）と（　　　）

(二) イ<u>それ</u>とは、何を指していますか。(10)

（　　　）

(三) 1～7の中で、和室、洋室でのすごし方の良さについて書かれているだんの落があります。その番号を二つずつ下の表に書きこみましょう。(5×4)

	和室	洋室
すごし方の良さ		

(四) ウ<u>いろいろなしせい</u>とは、どんなしせいですか。四つ書きましょう。(5×4)

（　　）（　　）
（　　）（　　）

(五) いすの良さを二つ書きましょう。(10×2)

（　　　）
（　　　）

(六) 次の文は、洋室・和室のどちらのことですか。洋室なら「洋」、和室なら「和」と、（　）に書き入れましょう。(5×3)

（　）多少人数が多くても、間をつめればみんながすわれる。
（　）すわっている状態から、次の動作にうつるのがかん単。
（　）いろいろなしせいをとることができる。

(七) ［　］に当てはまる言葉を、［　］から選んで○をしましょう。(5)

［　でも　・　しかし　・　ですから　］

くらしの中の和と洋 (3)

名前

1 次に、部屋の使い方という面から、それぞれにどんな良さがあるか考えてみましょう。

2 初めてたずねた家の部屋であっても、アそれが洋室であれば、何に使う部屋かということはだいたい見当がつきます。それは、イそこに置いてある家具で分かるのです。それぞれの部屋の家具は、その部屋をより使いやすくするために置かれます。

3 例えば、食事をする、勉強をする、ねるといった目的に合わせて、テーブルやいす、勉強づくえ、ベッドが置かれます。洋室は、その部屋で何をするかがはっきりしていて、そのために使いやすくつくられているのです。

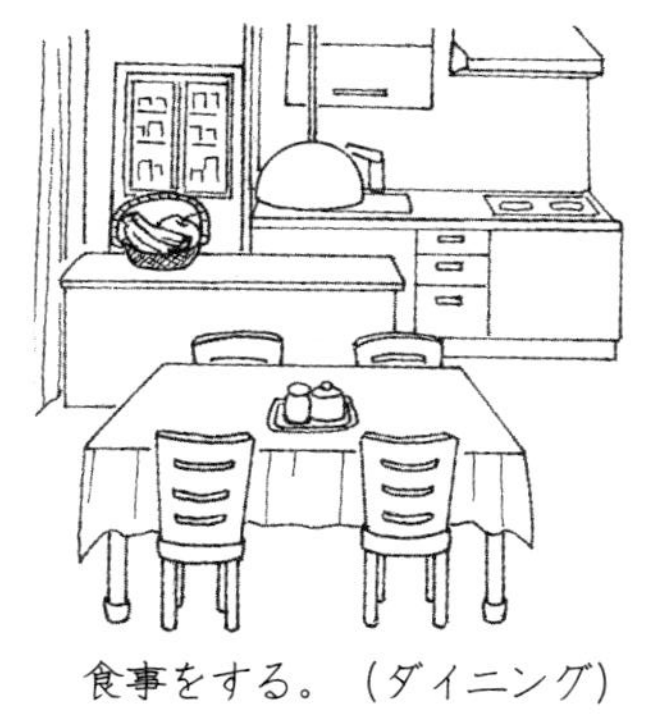

食事をする。(ダイニング)

勉強をする。(子ども部屋)

4 これに対して、和室は、一つの部屋をいろいろな目的に使うことができるという良さがあります。[①]、家にお客さんがやってきて、食事をし、とまっていくことになったという場合を考えてみましょう。洋室だけしかないとすると、少なくとも食事をする部屋、とまってもらう部屋が必要になります。[②]、和室が一部屋あれば、ウそこでざぶとんをしいて話をし、ざたくに料理をならべて食事をし、かたづけてふとんをしくことができます。

5 このように見てくると、和室と洋室には、それぞれ良さがあることが分かります。わたしたちは、エその両方の良さを取り入れてくらしているのです。

ここでは、日本の「住」について取り上げましたが、「衣」や「食」についても、くらしの中で「和」と「洋」それぞれの良さがどのように生かされているか、考えることができるでしょう。

くらしの中の和と洋 (3)

名前

「くらしの中の和と洋」(3)を読んで、答えましょう。

(一) 洋室であれば、何に使う部屋かということはだいたい見当がつくのは、何を見て分かるのですか。(7)

(　　)

(二) 洋室のそれぞれの部屋の家具は、何のために置かれていますか。(8)

(　　)

(三) 洋室では、次の家具はどんな目的で置かれていますか。(5×3)

テーブルやいす (　　)

ベッド (　　)

勉強づくえ (　　)

(四) 家にお客さんがやってきて、食事をし、とまっていくことになったという場合の、和室の良さについて書きましょう。(10)

(　　)

(五) 和室と洋室の、それぞれの良さをまとめましょう。(5×2)

和室 (　　)

洋室 (　　)

(六) 次のことが書いてあるのは1～5のどのだん落にあたりますか。(　)に番号を書きましょう。(5×4)

和室について (　)　洋室について (　)　問題のなげかけ (　)　問題に対するまとめ (　)

(七) ア それ、イ そこ、ウ そこ、エ そのは、何を指していますか。(5×4)

ア (　　)　イ (　　)

ウ (　　)　エ (　　)

(八) ①・②に当てはまる言葉を　から選んで書きましょう。(5×2)

① (　　)　② (　　)

しかし ・ そして ・ 例えば ・ また

花を見つける手がかり (1)

もんしろちょうは、日本じゅうどこにでもいる、ありふれたちょうです。みなさんも知っているように、もんしろちょうは、花に止まって、アそのみつをすいます。

いったい、もんしろちょうは、何を手がかりにして、花を見つけるのでしょう。花の色でしょうか。形でしょうか。それとも、においでしょうか。もんしろちょうにきいてみればわかるのですが、イそんなわけにはいきません。

日高敏隆（ひだかとしたか）先生と東京農工大学の人たちは、ウこの疑（ぎ）問をとくために、大がかりな実験をしました。

実験には、たくさんのもんしろちょうが必要です。一度に百ぴき、二百ぴきというもんしろちょうを放し、花を見つける様子をえい画のカメラで記録して、くわしく観察するためです。キャベツをえさに青虫を育て、実験に使うもんしろちょうを用意しました。

実験は、□、花だんの花を使って始めました。花だんには、赤・黄・むらさき・青と、四種類の色の花がさいています。少しはなれた所で、生まれてから花を見たことのないもんしろちょうを、いっせいに放しました。

エもんしろちょうは、いっせいに、花だんに向かってとんでいきます。もんしろちょうは、生まれながらに、花を見つける力を身につけているようです。

（教育出版　ひろがる言葉　小学国語4年（上）　吉原順平（よしはらじゅんぺい））

名前

上の文章を読んで、答えましょう。

(一) もんしろちょうは、どんなちょうですか。上の文章からぬき書きしましょう。(10)

（　　　　　）

(二) アその、イそんなは、それぞれ何を指していますか。(ア5 イ10)

ア（　　　　　）

イ（　　　　　）

(三) ウこの疑問とは、どんな疑問ですか。(10)

（　　　　　）

(四) ① 実験には、何が必要ですか。(10×2)

（　　　　　）

② ①は、どのように用意しましたか。

（　　　　　）

(五) 実験では、一度に何びきぐらいのちょうを放しますか。(10)

（　　　　　）

(六) 花だんにはどんな色の花がさいていますか。四つ書きましょう。(5×4)

（　　　）（　　　）

（　　　）（　　　）

(七) エもんしろちょうは、いっせいに、花だんに向かってとんでいきます。とありますが、もんしろちょうのどんなことがわかりますか。(10)

（　　　　　）

(八) □に当てはまる言葉を、［　］から選んで○をしましょう。(5)

［　それとも　・　しかし　・　まず　］

花を見つける手がかり (2)

名前

花だんは、たちまち、ちょうでいっぱいになってしまいました。注意して見ると、ちょうのよく集まる花と、そうでない花とがあります。赤い花には、あまり来ていないようです。もんしろちょうは、色で花を見分けているのでしょうか。

アそう決めてしまうのは、［①］イちょっと早すぎます。たまたま、花だんに植えた赤い花が、おいしそうなにおいを出していないのかもしれないからです。色か、においか、――ウそのところをたしかめるには、別の実験をしなければなりません。

そこで、今度は、においのしない花――プラスチックの造花を使うことにしました。色は、花だんのときと同じ赤・黄・むらさき・青の四種類です。

もんしろちょうを放すと、やはり、まっすぐに造花に向かってとんでいきました。止まって、みつをすおうとするものもいます。プラスチックの造花には、みつもないし、においもありません。［②］、もんしろちょうは、においではなく、花の色か形にひかれていると考えられるでしょう。そして、造花の場合も、赤い花には、あまりやってきませんでした。

［造花の場合］

赤　黄　むらさき　青

（教育出版　ひろがる言葉　小学国語4年（上）　吉原順平）

上の文章を読んで、答えましょう。

(一) ちょうの集まった花だんを注意して見ると、どんなことがわかりましたか。(10)

（　　　　　　　　　　）

(二) アそうは、何を指していますか。(10)

（　　　　　　　　　　）

(三) イちょっと早すぎます。とありますが、なぜ、早すぎるのでしょう。(10)

（　　　　　　　　　　）

(四) ウそこは、何を指していますか。(10)

（　　　　　　　　　　）

(五) 別の実験について答えましょう。(10×5)

① どんな花で実験しましたか。

（　　　　　　　　　　）

② ①を使ったのは、なぜですか。

（　　　　　　　　　　）

③ もんしろちょうは造花に向かってとんでいきましたか。

（　　　　　　　　　　）

④ その結果、どんなことが考えられるでしょうか。

（　　　　　　　　　　）

⑤ 造花の場合、もんしろちょうはどの色の花にあつまらなかったでしょうか。

（　　　　　　　　　　）

(六) ［①］・［②］に当てはまる言葉を［　］から選んで（　）に書きましょう。(5×2)

①（　　　　）

②（　　　　）

［でも・ですから・また］

花を見つける手がかり ⑶

名前

次の実験では、花の代わりに、四角い色紙を使ってみました。色紙にも集まってくれば、花の形が問題なのではなく、色だけが、もんしろちょうをひきつけているということになるでしょう。用意した色は、前と同じ四種類です。もんしろちょうは、色紙を花だと思ってくれるでしょうか。

［あ］、二百ぴきほどのもんしろちょうを放してみました。

ただの紙なのに、［い］、ちょうは集まってきます。むらさきの色紙に止まったものもいます。黄色の色紙に止まったものもいます。止まったちょうは、長い口をのばして、みつをすおうとしています。もんしろちょうは、色紙を花だと思っているようです。（ア）

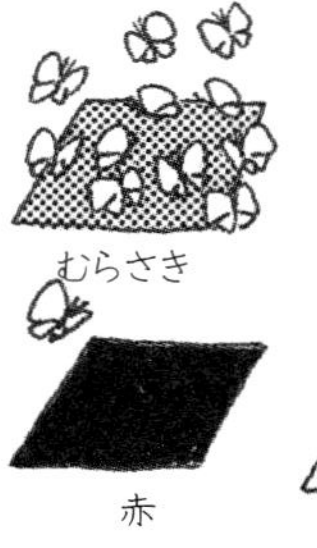

集まり方を色別に調べてみました。いちばん集まったのがむらさき、二番めが黄色、青に来たものは少なく、赤には、ほとんど来ませんでした。念のため、赤い色紙にみつをつけたものを用意してみましたが、これにもちょうは来ませんでした。

このような実験から、もんしろちょうは、色によって花を見つけること、赤い花は見えないらしいことがわかりました。

「そんなことをいったって、赤い花にもんしろちょうが来ているのを見たことがあるよ。」

と言う人が、いるかもしれません。そういう人は（イ）、ちょっと思い出してください。赤い花のまん中に、黄色のおしべ・めしべがありませんでしたか。もんしろちょうは、その黄色を目あてに、やってきたのでしょう。

こん虫は、何も語ってくれません。［う］、考え方のすじ道を立てて、実験と観察を重ねていけば、その（ウ）生活の仕組みをさぐることができます。

もんしろちょうのよく集まる花

エ なのはな

だいこん

ダリア

花を見つける手がかり (3)

名前

「花を見つける手がかり」(3)を読んで、答えましょう。

(一) 次の実験について答えましょう。

① 花の代わりに何を使いましたか。(8)
（　　）

② 何のために、①を使いましたか。(10)
（　　）

(二) アもんしろちょうは、色紙を花だと思っているようです。とありますが、もんしろちょうのどんな様子から、色紙を花だと思っていることがわかりますか。(10)
（　　）

(三) ちょうがいちばん集まったのは何色で、ちょうがほとんど来なかったのは何色ですか。(5×2)

・ちょうがいちばん集まった色（　　）
・ちょうがほとんど来なかった色（　　）

(四) この実験で結ろんを出すために、念のためにした実験を書きましょう。(8)
（　　）

(五) これらの実験からわかったことを書きましょう。(8)
（　　）

(六) イそういう人とは、どんな人ですか。(8)
（　　）

(七) 赤い花にもんしろちょうが来ているわけを書きましょう。(10)
（　　）

(八) ウそのは、何を指していますか。(5)
（　　）

(九) エなのはなには、なぜもんしろちょうがよく集まるのでしょうか。(8)
（　　）

(十) あ・い・うに当てはまる言葉を□から選んで（　）に書きましょう。(5×3)

あ（　　）　い（　　）　う（　　）

やはり ・ しかし
なぜなら ・ いよいよ

とんぼの楽園づくり (1)

わたしの少年時代には、夏の夕方になると、たくさんのぎんやんまがとんできました。ぎんやんまは、夕方になるとえさを求めて、小さな虫のいる原っぱや水辺に集まるせいしつをもっています。とんでいるやんまは、なかなかつかまえることができませんでしたが、つかまえることができた時には、^ア^むねがどきどきしたことを今でもおぼえています。秋には、あきあかねなどを指の先に止まらせて遊びました。指をゆっくり左右に動かしながら近づけると、うまく止まらせることができました。

とんぼの種類や数が多いところは、水田やため池などの流れのない水辺です。日本では米作りがさかんであったため、^イ^とんぼのすみやすいかんきょうが人の手でつくられ、たくさんのとんぼがとびかうようになったのです。

［ウ］、近年、土地の開発や水のおせんなどで、とんぼの成長や生活にてきした水辺が少なくなってきています。

日本には、今、約二百種のとんぼがいます。国の調査によって、一九九一（平成三）年に、そのうちの四十一種がぜつめつするおそれがあるとされました。その中でも、べっこうとんぼとひぬまいとんぼは、今では生息地もかぎられ、ぜつめつするおそれが高い種に指定されています。［エ］、ちょうとんぼやはぐろとんぼなどのように、場所によってはすがたを消しつつあるとんぼもかなりいます。あきあかねやぎんやんまのように、昔はむれをなしてとんでいたとんぼも、数が大変少なくなりました。

べっこうとんぼ

ひぬまいとんぼ

（教育出版 ひろがる言葉 小学国語4年（上） 森 清和）

名前

上の文章を読んで、答えましょう。

(一) ① 筆者の少年時代、夏の夕方になると見られた、とんぼの名前を書きましょう。（10×2）

（　　　）

② ①のとんぼは、どこに集まりますか。

（　　　）

(二) ^ア^むねがどきどきしたのは、どんな時ですか。（10）

（　　　）

(三) 秋になると見られた、とんぼの名前を書きましょう。（10）

（　　　）

(四) ^イ^とんぼのすみやすいかんきょうとは、どんなところですか。（10）

（　　　）

(五) 次の①～③の説明に合うとんぼの名前を書きましょう。（5×6）

① 今では生息地もかぎられ、ぜつめつするおそれが高いとんぼ

（　　　）（　　　）

② 場所によってはすがたを消しつつあるとんぼ

（　　　）（　　　）

③ 昔はむれをなしてとんでいたが、今では数が大変少なくなったとんぼ

（　　　）（　　　）

(六) 今、日本にいる、約二百種のとんぼのうち、四十一種がぜつめつするおそれがあるとされた原いんは何ですか。（10）

（　　　）

(七) ［ウ］・［エ］に当てはまる言葉を［　］から選んで（　）に書きましょう。（5×2）

ウ（　　　）　エ（　　　）

［なぜなら ・ ほかにも ・ ところが］

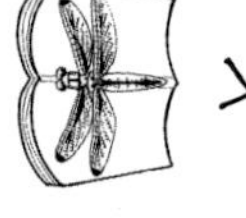

とんぼの楽園づくり (2)

名前

　そこで、身近にとんぼのすみやすいかんきょうをつくって、とんぼをよびもどそうという活動が、この二十年ほどの間で全国に広がっています。例えば、埼玉県の寄居町では、地元の人々が中心となって、一九八九年に「寄居町にとんぼ公園を作る会」ができました。そして、農家から休耕田を借りて、田んぼだったところをほり下げたり、あぜ＊を高くしたりして、「とんぼ池」をつくっています。また、定期的に草かりなどの池の手入れを続けています。

　とんぼ池をつくるときには、葉を水の上に出す水草や、葉を水面にうかべる水草を植えます。しおからとんぼやあきあかねは、水面におを打ちつけてたまごを産みます。一方、いととんぼやかんまの仲間は、水草のくきや葉に管をさしこみ、たまごをうめこんで産みつけます。ですから、池に水草を植えると、しおからとんぼやあきあかねの仲間だけでなく、いろいろな種類のとんぼがやってくるのです。

　水草は、とんぼが羽を休めるためにも必要ですし、とんぼのよう虫であるやごが羽化するときのささえにもなります。水草のすきまは、やごのすみかやえさ場になります。

　とんぼとのかかわりだけではなく、水草は、めだかやふな、げんごろうやゆすりか、そして、おたまじゃくしやたにし、えびなど、さまざまな水生生物のすみかにもなります。

　また、とんぼ池には、ちょうや小鳥たちも水を飲みにやってきます。かわせみが、池のめだかやもつごをねらってとんでくる所もあります。

　このように、とんぼ池は、とんぼだけでなく、ア さまざまな生き物のにぎわう楽園にもなるのです。

　これからの自然ほごは、めずらしい生物を守るだけでなく、さまざまな生物がともに生きていくことのできるかんきょう全体をたもつことが、大きな課題になります。そのためには、さまざまな生物が育ち、成長できるかんきょうを人の手で再生したり、新しくつくり出したりすることも必要です。さらに、つくったものを守り続けるという息の長い活動も行っていかなければなりません。とんぼの楽園づくりは、このような新しい自然ほご活動の一つなのです。

＊あぜ（水田と水田のさかいに土をもったところ。）

（教育出版 ひろがる言葉 小学国語4年（上） 森 清和）

とんぼの楽園づくり ⑵

名前

「とんぼの楽園づくり」⑵を読んで、答えましょう。

(一) 「寄居町にとんぼ公園を作る会」は、いつ、だれが中心になってできましたか。（5×2）

いつ（　　　　）だれが（　　　　）

(二) 「とんぼ池」は、どのようにして作りますか。（10）

（　　　　）

(三) 「とんぼ池」には、どんな水草を植えますか。二つ書きましょう。（5×2）

（　　）（　　）

(四) 水草はとんぼとのかかわりで、どんなことに必要ですか。四つ書きましょう。（5×4）

（　　）（　　）（　　）（　　）

(五) ア さまざまな生き物とは、どんな生き物ですか。［　］に十こ、書きましょう。（2×10）

［　］［　］［　］［　］［　］［　］［　］［　］［　］［　］

(六) ① これからの自然ほごで、大きな課題になることを書きましょう。（10）

（　　　　）

② そのために必要なことを、二つ書きましょう。（10×2）

（　　　　）（　　　　）

アーチ橋の仕組み (1)

名前

左の三まいの写真を見くらべてみましょう。三つの橋には、よくにたところがあるのに気がついたでしょうか。

そうです、どの橋にも、大きなアーチがあります。このような橋をアーチ橋といいます。

① あ、このように、アーチが橋の組み立てに使われているのはなぜでしょうか。ア この疑問をとくために、次のような実験をしてみましょう。

② い、はば五センチメートルぐらい、長さ四十センチメートルぐらいの＊板目紙（いためがみ）を用意します。そして、二つのつくえを三十センチメートルぐらいはなしてならべ、その間に板目紙をかけわたします。大きめの消しゴムをその「橋」のまん中にのせてみましょう。すると、「橋」はたちまち落ちてしまいます。

③ う、その板目紙を写真のように反らせてアーチの形にしてみます。この時、板目紙の両はしがすべって、アーチがくずれないように、辞典などの重いものをおいておきます。このアーチの「橋」の上に、さっきの消しゴムをのせてみましょう。「橋」はびくともしません。消しゴムを二つのせても平気です。

④ このように、アーチは重いものをささえるのにてきしています。アーチ橋は、その仕組みを生かしてつくられているのです。

＊板目紙＝あつ紙の一種。

（教育出版　ひろがる言葉　小学国語4年（下）　小山田　了三）

上の文章を読んで、答えましょう。

(一) 上の三まいの写真を見くらべて、三つの橋のよくにたところを書きましょう。(10)

(　　　)

(二) ① ア この疑問とは、どんな疑問ですか。(10×2)

(　　　)

② 疑問をとくためにした実験のまとめは、①〜④のどのだん落に書かれていますか。

(　　　)

(三) 実験に使った板目紙の、はばと長さを書きましょう。また、板目紙の上に何をのせましたか。(7×3)

はば (　　　)
長さ (　　　)
のせたもの (　　　)

(四) だん落②と、だん落③の実験で、板目紙をどのようにしたのか、それぞれ書きましょう。また、どちらの「橋」が重いものをささえるのにてきしていましたか。□に○をしましょう。(10×2　□＝5)

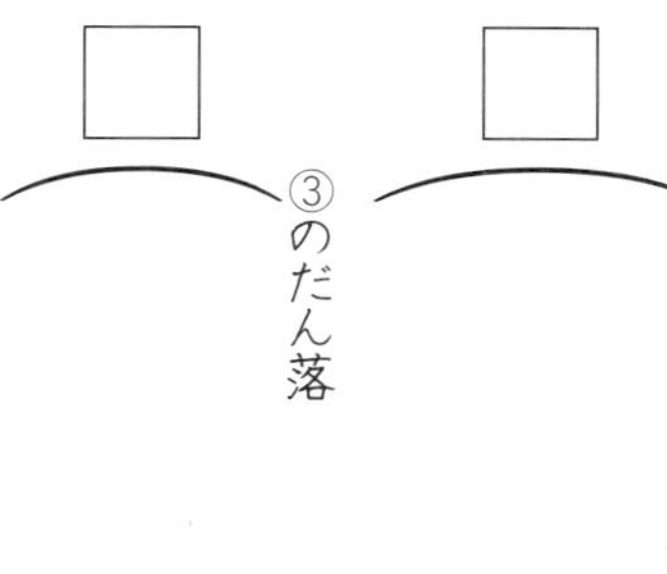

□ ②のだん落 (　　　)

□ ③のだん落 (　　　)

(五) あ〜う に当てはまる言葉を [　] から選んで（　）に書きましょう。(8×3)

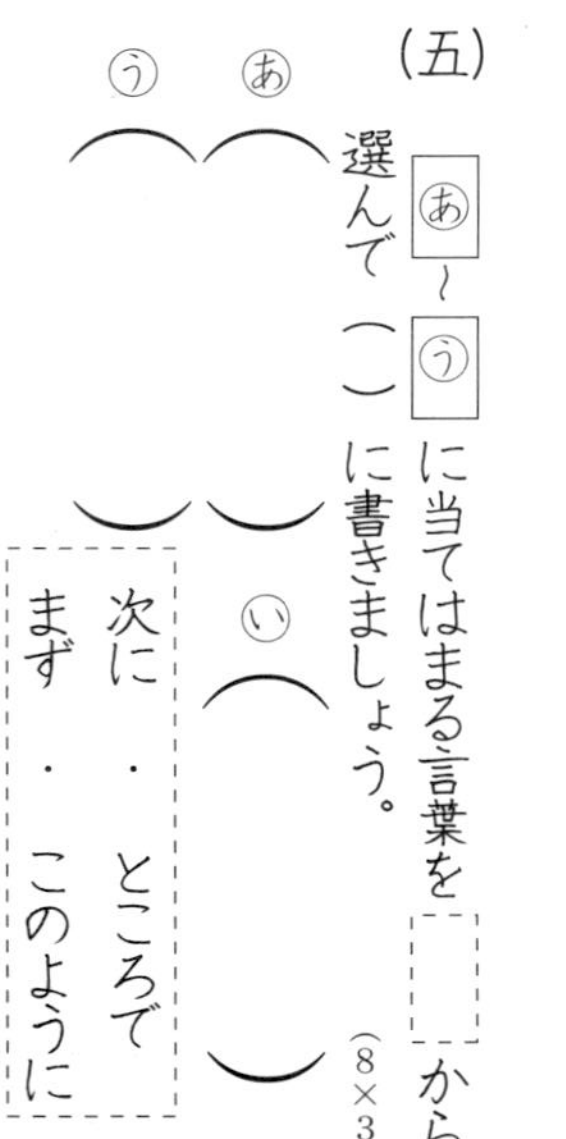

あ (　　　)　い (　　　)
う (　　　)

次に・ところで
まず・このように

アーチ橋の仕組み　(2)

このページのアーチ橋は、石でつくられています。このアーチ橋は、同じくらいの大きさの石をアーチの形に組み合わせています。

㋐、石をアーチの形に組み合わせるには、どのようにすればよいのでしょうか。

㋑、アーチの両はしにあたるところに、じょうぶな土台をつくります。そして、アーチの形になるように木のほね組みをつくります。

㋒、木のほね組みにそって、両はしから台形の石を積んでいき、いちばん上の一列だけを残します。そして、ア そこに、かなめ石とよばれる石を、しっかりとはめこみます。

㋓、木のほね組みを取りはずせば、アーチの形に積み上げられた石が、自分たちの重さでたがいに固くしめつけ合って、少しのゆるみもなく組み合わさることになります。

こうして、しっかりした石づくりのアーチ橋が完成するのです。

↓かなめ石

（教育出版　ひろがる言葉　小学国語4年（下）　小山田　了三）

名前

上の文章を読んで、答えましょう。

(一) ① 上の文章に出てくるアーチ橋は、どんな大きさの石でつくられているのでしょうか。(10×2)

（　　）

② どのように組み合わせてつくられているのでしょうか。

（　　）

(二) ㋐～㋓に当てはまる言葉を［　］から選んで（　）に書きましょう。(5×4)

㋐（　　）　㋑（　　）

㋒（　　）　㋓（　　）

最後に・では・次に・まず

(三) ① 木のほね組みは、どんな形にしますか。(①8 ②10)

（　　）

② ①の両はしには、何がつくってありますか。

（　　）

(四) ① 積んでいく石は、どんな形をしていますか。(8×4)

（　　）

② どこから積んでいきますか。

（　　）

③ ア そこは、何を指していますか。

（　　）

④ ア そこに何をはめこみますか。

（　　）

(五) 木のほね組みを取りはずすと、なぜ、しっかりした石づくりのアーチ橋が完成するのですか。(10)

（　　）

アーチ橋の仕組み (3)

名前

アーチが重いものをささえるのにてきしているということや、石をどう組み合わせればアーチになるのかということは、ヨーロッパや中国などでは、ずっと昔から知られていました。今から二千年以上も前に、ローマ人によってつくられた水道橋も、大がかりなアーチ橋として有名です。

日本でも、石がよく使われていた九州地方を中心に、中国から伝わってきたぎじゅつにもとづいて、三百年ほど前から、石づくりのアーチ橋が数多くつくられてきました。長崎市の「眼鏡橋」、熊本県矢部町の「通潤橋」などは、アその代表です。

現代のアーチ橋は、初めの写真で見たように、こう鉄やコンクリートを用いてつくられており、昔のものとは形も大きさもずいぶんことなっています。けれども、アーチが重さをささえる仕組みそのものは同じです。昔から受けつがれてきた人々のちえは、今もこうして生きているのです。

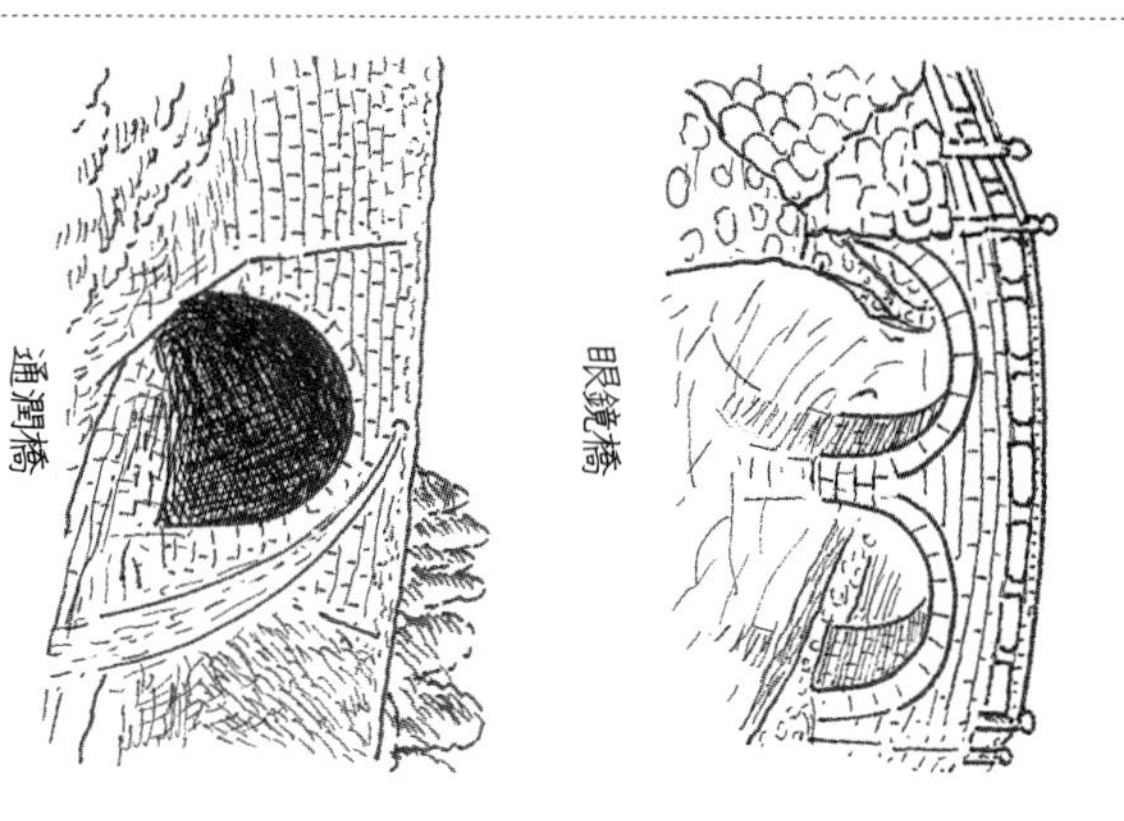

眼鏡橋

通潤橋

上の文章を読んで、答えましょう。

(一) ① ヨーロッパや中国などでは、何がずっと昔から知られていたのですか。二つ書きましょう。(10×2)

② ずっと昔、ヨーロッパでは、だれによって、どんなアーチ橋がつくられましたか。(10)

(二) 日本でも、三百年ほど前から、石づくりのアーチ橋がつくられました。その代表を二つ書きましょう。(10×2)

(三) 石づくりのアーチ橋のぎじゅつは、どこの国から日本に伝わりましたか。(10)

(四) なぜ、九州地方を中心にアーチ橋が数多くつくられてきたのでしょう。(10)

(五) ① 現代のアーチ橋は、昔のものとは何がちがいますか。(10×2)

② 現代のアーチ橋づくりにも生かされている、昔から受けつがれてきた人々のちえとは何ですか。

(六) アそのは、何を指していますか。(10)

教育出版 ひろがる言葉 小学国語4年（下） 太田正己

「便利」ということ （一）

これは、友人がわたしに聞かせてくれた話です。

友人の知り合いに、耳の不自由な女性がいます。㋐その女性が一人で住んでいる家を初めてたずねた時のことです。げんかんにはチャイムが付けられていました。「チャイムの音は聞こえないのではないか。」と、友人はアとまどいながら、㋑そのチャイムをおしてみました。すると、すぐにドアが開いて、にこやかなでむかえを受けました。

どうして、チャイムをおしたことがわかったのでしょう。

実は、げんかんのチャイムをおすと、家の中の数か所に取り付けられたライトが光るイ仕組みになっていたのです。

感心している友人に、㋒その人はちょっといたずらっぽく、手話で言ったそうです。

「どう、便利でしょ。」

この友人の体験談を聞いて、「便利」というのはどういうことかを、改めて考えてみました。

「便利」とは「都合がよく、役に立つこと」です。でも、㋓それは、だれにとって都合がよく、だれの役に立つことなのでしょうか。

わたしたちの家の中を見わたしてみましょう。文ぼう具のような小さな物から、家具のような大きな物まで、わたしたちの身のまわりには、たくさんの道具があることに気づかされます。ウこれらの道具はどれも、わたしたちのくらしを便利でかいてきにするために生み出されてきた物です。しかし、光で知らせるチャイムの話のように、使う人の立場によっては、エ道具の仕組みを変えなければ役に立たない場合もあります。

このように、ある人にとっては便利だと思われている物でも、立場を変えて見ると、その仕組みのままでは不便であることがわかります。

名前（　　　　）

上の文章を読んで、答えましょう。

(一) 友人の知り合いは、どんな人ですか。(10)

（　　　　）

(二) ア「とまどいながら」の、正しい使い方をしている文に○をしましょう。(10)

（　）夕食がおいしいので、とまどいながら食べた。

（　）なれない会場にとまどいながら、自分の席をさがした。

（　）わたしは、とまどいながら大声を出した。

(三) ア「とまどいながら」とありますが、なぜ友人はとまどったのでしょう。(10)

（　　　　）

(四) イ「感心している友人」とありますが、どんなことに感心したのでしょう。(10)

（　　　　）

(五) ウ「これらの道具」は、何のために生み出されたものですか。(10)

（　　　　）

(六) エ「道具の仕組みを変えなければ役に立たない場合」とありますが、友人の話に出てくるチャイムは、どんな人のために、どんなふうに変えられたのですか。(10)

（　　　　）

(七) ㋐～㋓は、それぞれ何を指していますか。(10×4)

㋐その（　　　　）

㋑その（　　　　）

㋒その（　　　　）

㋓それ（　　　　）

「便利」ということ　(2)

名前

少し前の時代まで、道具は、あるていど多くの人にとって便利に使えれば、［①］よいと考えられてきました。

げんざいでは、ア<u>そのような考え方が変わって</u>きています。同じ目的を果たす道具が、さまざまな立場の人に合わせて何種類も作られるようになり、一人一人がその中から、最も使いやすい物を選べるようになってきたのです。

きき手に合わせたはさみなどが、［②］例です。

・左手でつかうはさみ

・右手でつかうはさみ

一人一人が使う道具とちがい、たくさんの人が使うせつびについては、そのような解決方法をとれないこともあります。

歩道橋について考えてみましょう。歩道橋は、車を運転する人にとっては、横断歩道でいちいち停車せずにすむので、大変便利であるといえます。反面、道路を横断する人にとっては、安全ではあるが、いちいち階だんを上り下りしなくてはならないので不便です。

イ<u>こうしたせつび</u>は、小さな道具のように、いろいろな立場の人に合ったものを別々に用意するというわけにはいきません。［③］、そのせつびを、どのような立場の人が、どのようなときに利用するのかをよく考えなければなりません。［④］、不便を強く感じる人が少なくなるようにつくったり、改良したりしていくことが必要です。

（教育出版　ひろがる言葉　小学国語4年（下）　太田正己）

上の文章を読んで、答えましょう。

(一)
① ア<u>そのような考え方</u>とは、どんな考え方ですか。(10×3)

（　　　　）

② げんざいでは、ア<u>そのような考え方</u>が、どう変わってきているのでしょうか。

（　　　　）

③ ②の具体的な例は何ですか。

（　　　　）

(二) 歩道橋について考えてみましょう。(10×2)

① 車を運転する人の立場では、どうですか。

（　　　　）

② 道路を横断する人の立場では、どうですか。

（　　　　）

(三) イ<u>こうしたせつび</u>は、何を指していますか。(10)

（　　　　）

(四) ［①］〜［④］に当てはまる言葉を［　］から選んで（　）に書きましょう。(5×4)

①（　　）　②（　　）　③（　　）　④（　　）

［それで　そして　したがって　その］

(五) たくさんの人が使うせつびを、いろいろな立場の人に合ったものにするために、考えねばならないことや、必要なことを二つ書きましょう。(10×2)

（　　　　）

（　　　　）

「便利」ということ (3)

名前

最近では、上り下りするところを、階だんの代わりにゆるやかな坂にしている歩道橋がつくられています。[①]、エスカレーターやエレベーターが付いた歩道橋もつくられるようになってきています。アこのような歩道橋がつくられることによって、車いすやうば車を使う人、自転車に乗る人、重い荷物を持った人など、さまざまな立場の人が、安全で便利に道路を利用することができるようになるのです。

わたしたちの社会では、たくさんの人が、[②]ちがった立場で、いっしょにくらしています。[③]、ふだんなにげなく使っているいろいろな道具やせつびが、だれにとって便利で、だれにとってそうではないのかを、[④]、どのようなときに便利で、どのようなときにそうではないのかを、よく考えていくことが大事なのです。

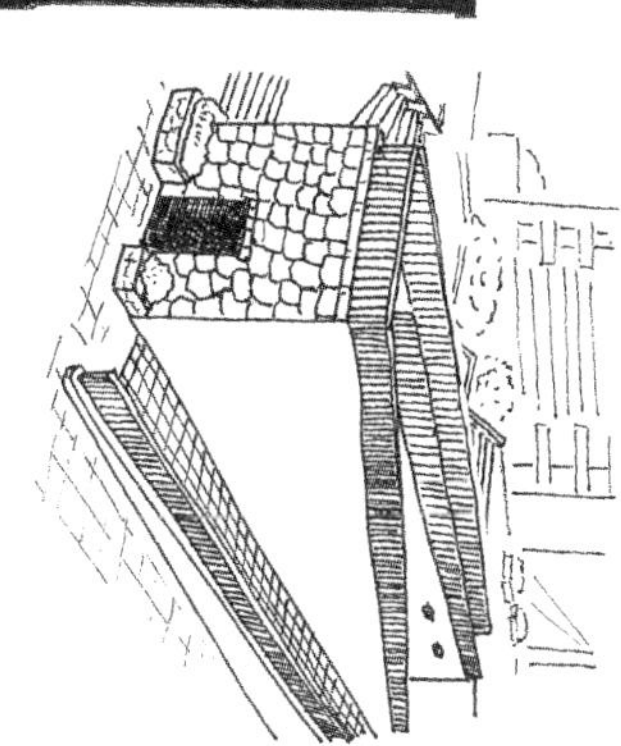

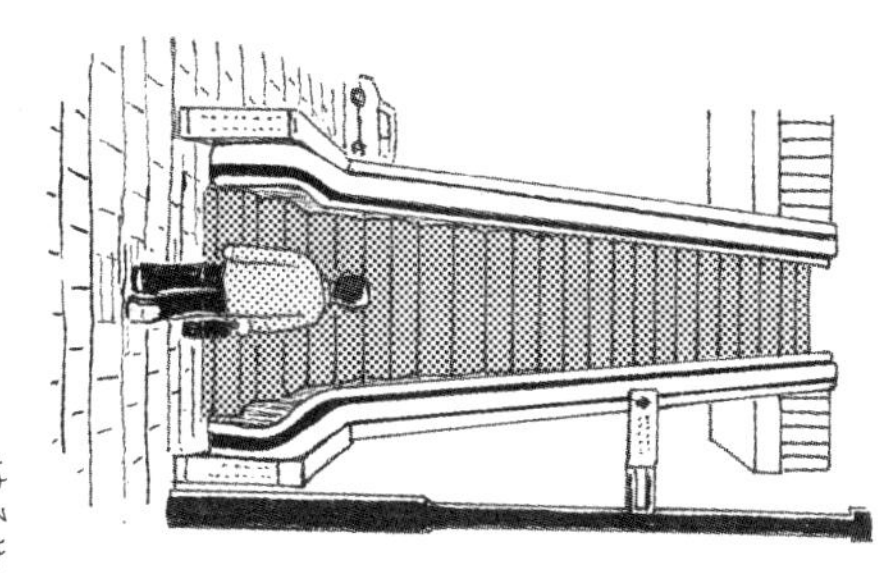

ゆるやかな坂とエスカレーターが付いた歩道橋（奈良）

（教育出版　ひろがる言葉　小学国語4年（下）　太田正己）

上の文章を読んで、答えましょう。

(一) アこのような歩道橋とは、どんな歩道橋ですか。二つ書きましょう。(10×2)

（　　　　　　　　）

（　　　　　　　　）

(二) アこのような歩道橋がつくられることによって、安全で便利に道路を利用することができるようになるのは、どんな人たちですか。三つ書きましょう。(10×3)

（　　　　　　　　）

（　　　　　　　　）

（　　　　　　　　）

(三) [①]〜[④]に当てはまる言葉を[　]から選んで（　）に書きましょう。同じ言葉を二回使うこともあります。(5×4)

①（　　　　）　②（　　　　）

③（　　　　）　④（　　　　）

[ですから・それぞれ・また]

(四) さまざまな立場の人が、いろいろな道具やせつびを使っていますが、安全で便利に利用できるようにするために、考えなければならないことを、二つ書きましょう。(15×2)

（　　　　　　　　）

（　　　　　　　　）

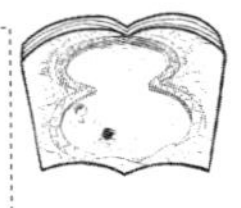

地下からのおくり物

名前

温泉に入って、病気やけがを治すことがあるのを知っていますか。どうして、温泉に入ると体調が良くなるのでしょうか。

家庭のお風呂の多くは、水道水を温めたものですが、温泉は自然のしくみで地下の水がお湯になったものです。日本は火山が多く、地下のマグマの活動が活発です。温泉は、このマグマのねつで温められた地下の水が、岩のわれ目などを通ってふき出たものです。わたしたちは、温泉のお湯にゆっくりつかると、体が温められて血のめぐりが良くなり、体調が良くなるのです。

（ア）でもこれだけだと、温泉とふつうのお風呂ではあまり変わりがありません。温泉にはもっとひみつがありそうです。

草津温泉（群馬県）

不老ふ死温泉（青森県）**赤茶色**

白骨温泉（長野県）**白だく色**

［①］、前のページの温泉の写真を見て、（イ）気がついたことはありませんか。温泉によって、お湯の色がちがっていますね。温泉の水は、地下を旅する間に、マグマのねつに助けられて、いおうや鉄分などのさまざまな物質をとかしこみます。温泉にとけこんでいる物質がことなるので、お湯の色やにおいがちがっています。そして、（ウ）これらの物質が、いろいろな病気やけがにきく薬の役目をしているのです。そのために、温泉に入ったり、温泉の水を飲んだりすると、体調が良くなるのです。

（エ）このように、温泉は、わたしたちを元気にしてくれる「地下からのおくり物」と言えます。地下からのおくり物は、温泉だけではありません。日本の各地にあるきれいなわき水なども、地下からの大切なおくり物です。

［②］、地下にしみこむ水は、地上にふる水のうちのごくわずかです。わたしたちが土地をよごしたり、地下の水を使いすぎたりすると、せっかくのおくり物も使えなくなってしまいます。

ですから、わたしたちは、この地下からのおくり物をただ受け取るだけでなく、大切にする心を持っていきたいものです。

学校図書 みんなと学ぶ 小学校国語 4年（上）

地下からのおくり物

名前

「地下からのおくり物」を読んで、答えましょう。

(一) 家庭のお風呂と温泉のお湯のちがいを書きましょう。 (5×2)

お風呂（　　　）

温泉（　　　）

(二) アこれは、何を指していますか。 (10)

（　　　）

(三) イ温泉の水は、地下を旅するとは、温泉の水は具体的にどういうことをしているのですか。 (10)

（　　　）

(四) 温泉について答えましょう。

① 温泉によって、色がちがうのは、どうしてですか。 (8×2)

（　　　）

② 色のちがいのほかに、どんなちがいがありますか。

（　　　）

(五) ① ウこれらの物質とは、どんな物質ですか。 (8×2)

（　　　）

② ウこれらの物質は、どんな役目をしていますか。

（　　　）

(六) エ温泉は、わたしたちを元気にしてくれる「地下からのおくり物」と言えます。とありますが、どんなおくり物ですか。 (10)

（　　　）

(七) 地下からのおくり物は、(六)以外に、何がありますか。 (8)

（　　　）

(八) 地下からのおくり物を大切にするためには、わたしたちはどうすればよいですか。二つ書きましょう。 (5×2)

（　　　）

（　　　）

(九) ①・② に当てはまる言葉を［　］の中から選んで（　）に書きましょう。 (5×2)

①（　　　）

②（　　　）

［しかし・ですから・けれども・ところで］

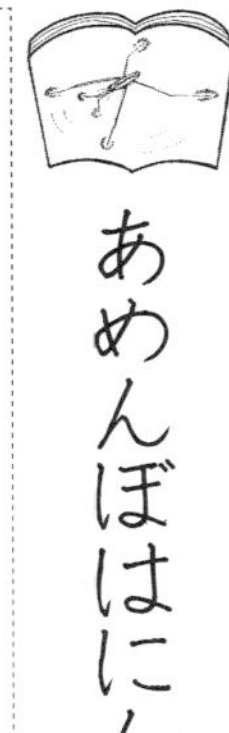

あめんぼはにん者か (1)

名前

ちょっとした池や水たまり、または、ゆるやかな流れの水面をしばらく見ていると、あめんぼが何びきか見つかることがあります。

あめんぼは水面に軽々とういて、すいすいと走っています。なんだか、時代げきに出てくるにん者のようです。

どうして、あんなにうまく水面にうかんだり、走ったりすることができるのでしょうか。

池や水たまりの浅い所では、天気のよい日に、水底にあめんぼのかげがうつっていることがあります。ア―それは、なんとなくふしぎなかげです。

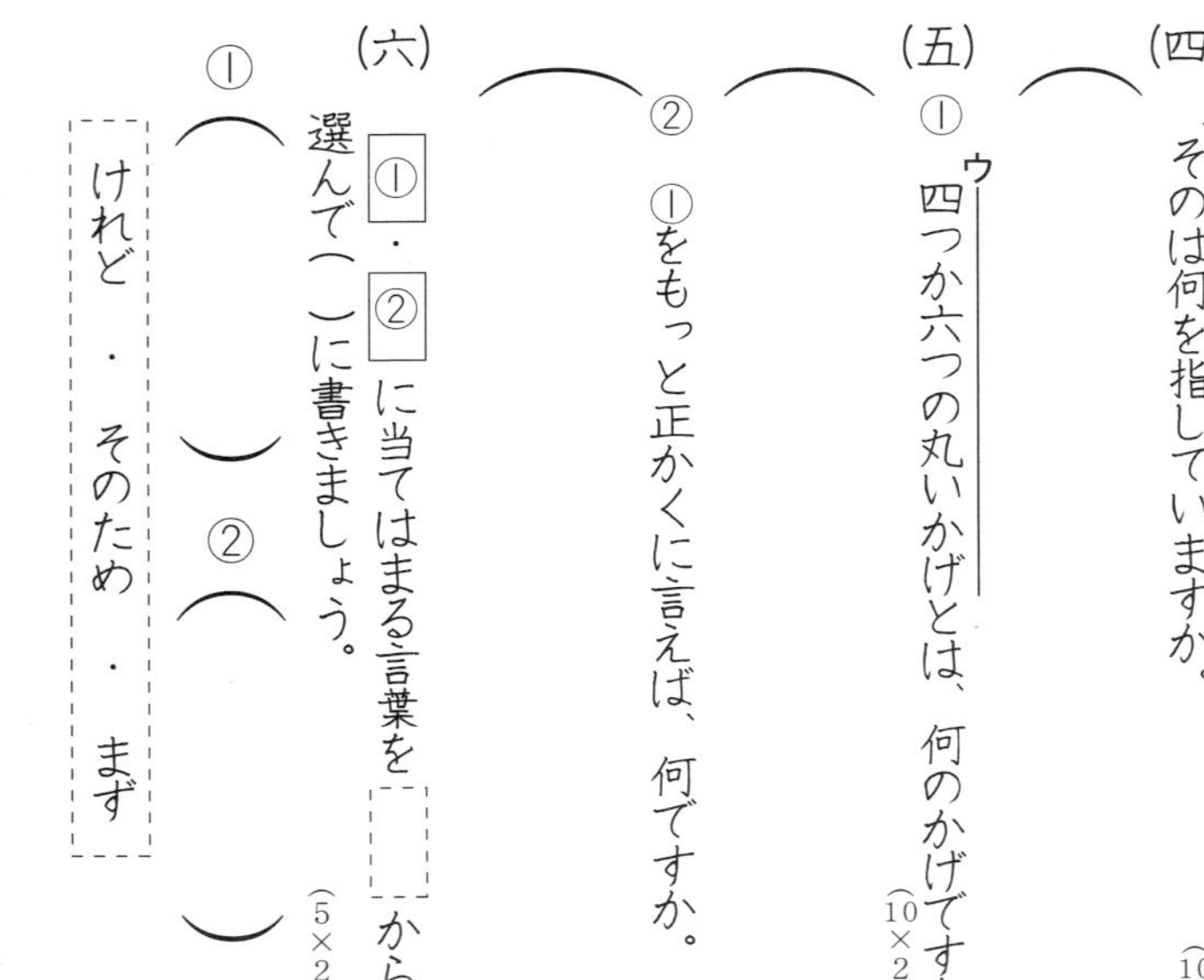
水底にうつったあめんぼのかげ

[①]、真ん中にあめんぼの体のかげ。これは、あめんぼと同じくらいの長さと太さのぼうのように見えるので、あめんぼのかげだということはすぐに分かります。[②]、イ―その周りには、ウ―四つか六つの丸いかげが必ずあるのです。これはいったい何でしょう。

それはあめんぼの足の先のかげなのです。いえ、もっと正かくに言えば、あめんぼの足先でおされてくぼんだ水面のかげなのです。

上の文章を読んで、答えましょう。

(一) あめんぼはどんな所で見つかりますか。二つ書きましょう。(10×2)

(　　　　　　)

(　　　　　　)

(二) あめんぼが水面に軽々とういて、すいすいと走っている様子を、何のようだと言っていますか。(10)

(　　　　　　)

(三) ア―それについて答えましょう。(10×3)

① 何を指していますか。

(　　　　　　)

② どんな日に、どんな所にうつっていますか。

(　　　　　　)

③ どんなかげだと言っていますか。

(　　　　　　)

(四) イ―そのは何を指していますか。(10)

(　　　　　　)

(五) (10×2)

① ウ―四つか六つの丸いかげとは、何のかげですか。

(　　　　　　)

② ①をもっと正かくに言えば、何ですか。

(　　　　　　)

(六) [①]・[②]に当てはまる言葉を[　　]から選んで(　)に書きましょう。(5×2)

① (　　　　) ② (　　　　)

けれど ・ そのため ・ まず

(学校図書 みんなと学ぶ 小学校国語 4年(上) 日高 敏隆)

あめんぼはにん者か (2)

名前

細いはりを、水面にそっと水平においてみましょう。ふつうにおいたら、はりには重さがありますから、[①]水中へしずんでしまいます。けれどそのはりに、油がバターをうすくぬってみると、はりはちゃんと水面にうかびます。

水面にういているはり

うかんだはりをよく見てください。はりの重みではりの周りの水面がくぼんでいるのがわかるでしょう。くぼんだ水面は、元の平らなじょうたいにもどろうとして、はりをおし上げます。このとき(ア)に働く力を水の「表面張力」といいます。油をぬって水をはじくようにしたはりは、この水の表面張力のおかげで水面にういているのです。

あめんぼがにん者のように水面に立っていられるのも、[②]理くつです。あめんぼの足の先は、水をはじくようになっています。体の中から少しずつ油を出すしくみがあるからです。その足を広げてあめんぼが水面に立つと、それぞれの足の先は水面をおしてくぼませます。すると水の表面張力によって、あめんぼは水面にうかぶのです。

あめんぼの足の先が水面をくぼませている

[③]これだけだと、あめんぼは水面に立っているだけです。すいすい走ることはできません。

(学校図書 みんなと学ぶ 小学校国語 4年(上) 日高敏隆)

上の文章を読んで、答えましょう。

(一) ① 細いはりを、水面に水平におくと、ふつうはしずむのはなぜですか。 (10×2)

(　　　　　　　　)

② 水面にうかべるには、どうしたらよいですか。

(　　　　　　　　)

(二) アこのときとは、どんなときですか。 (12)

(　　　　　　　　)

(三) ① 油をぬって水をはじくようにしたはりが、水にうくのは、水の何のおかげですか。 (10×2)

(　　　　　　　　)

② ①と同じ理くつによって、あめんぼは何をすることができますか。

(　　　　　　　　)

(四) あめんぼは、からだの中から何を出すしくみがあるのですか。 (10)

(　　　　　　　　)

(五) [①]〜[③]に当てはまる言葉を[ ]から選んで( )に書きましょう。 (8×3)

同じ・次に・でも・すぐ・ちがう

① (　　　) ② (　　　) ③ (　　　)

(六) あめんぼが水面にうかぶしくみを、くわしく書きましょう。 (14)

(　　　　　　　　)

あめんぼはにん者か (3)

名前

あめんぼの足は六本ありますが、そのうち、二本の前足と二本の後足の先で水面に立ち、残りの二本の中足の先を、走るためのオールにしています。中足は、ごく先の部分しか水をはじかないので、あめんぼは根元の方まで水の中につっこんで、オールのように動かすのです。

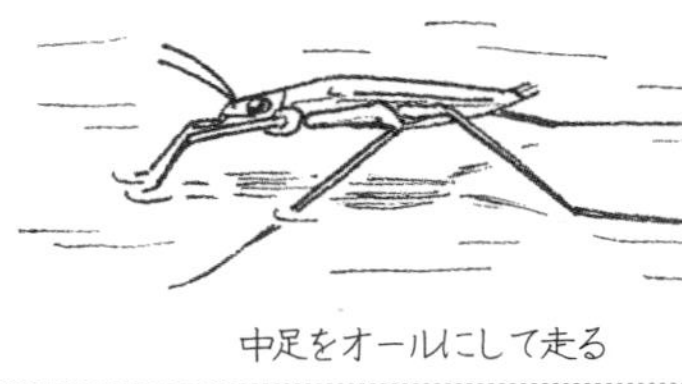

中足をオールにして走る

ところで、水の上でくらしているあめんぼは、いったい何を食べて生きているのでしょうか。

あめんぼは、うっかり水面に落ちてばたばたもがいている虫を食べ物にしています。もがいている虫は、水面に小さな波を立てます。あめんぼは前足の先でその波をキャッチし、中足のオールを動かして、急いでその方へかけつけます。そして、するどいくちばしを虫にさし、体のしるをすうのです。

水の中には、いろいろな水生こん虫がすんでいますが、ア それらの多くは、生きた小魚やおたまじゃくしをつかまえて食べ物にしています。けれど、あめんぼは水面に落ちてきた虫だけをねらって食べるという生き方をするようになったこん虫です。

そのために、あめんぼは、自分の足で水面にうかび、また、水面を走ることができるようになっているのです。

(学校図書　みんなと学ぶ　小学校国語　4年（上）　日高（ひだか）　敏隆（としたか）)

上の文章を読んで、答えましょう。

(一) ① あめんぼが水面に立つときは、どの足を使いますか。(10×3)

（　　　）

② あめんぼが、水面で走るのに使う足は、どの足ですか。

（　　　）

③ ②の足は、どんなしくみで、どう動かすのですか。

（　　　）

(二) あめんぼは、何を食べていますか。(10)

（　　　）

(三) あめんぼは、どのように、もがいている虫を見つけ、食べるのですか。順番に書きましょう。(10×3)

①（　　　）

②（　　　）

③（　　　）

(四) ア それらとは、何を指していますか。(10)

（　　　）

(五) あめんぼと水生こん虫について、表にまとめましょう。(5×4)

	生活の場	食べ物
あめんぼ		
水生こん虫		

あめんぼはにん者か (4)

名前

このように、あめんぼは水面でくらすこん虫として生きてきました。

けれども、人間がせんざいや石けんなどを水に流しこんでよごしたりすると、大変なことになります。よごれた水の表面張力はとても小さくなるので、軽いあめんぼの重ささえ、ささえきれなくなってしまいます。あめんぼがいくら足をふんばっても、ずぶずぶと水にしずんでいって、おぼれてしまうのです。

よごれた水が川に流れこんでいる

［　①　］、アあめんぼがわたしたちの近くからほとんどすがたを消してしまった時代もありました。しかし、みんながかんきょうのことに気をつけるようになってから、また少しずつふえてきました。

気づきにくいのは、人間にとってはほんの少しのせんざいでも、あめんぼにとっては生きていけなくなるということです。

ですから、わたしたちは周りのかんきょうに気を配り、きれいな池や小川にたくさんのあめんぼが見られる、イそんな自然を大切にする心をわすれないようにしなければならないと思います。

（学校図書　みんなと学ぶ　小学校国語　4年（上）　日高敏隆）

上の文章を読んで、答えましょう。

(一) よごれた水とは、どんな水ですか。 (15)

（　　　）

(二) 水がよごれると、あめんぼはどうなりますか。 (15)

（　　　）

(三) アあめんぼがわたしたちの近くからほとんどすがたを消してしまった時代の、川や池はどうなっていたのでしょう。 (15)

（　　　）

(四) あめんぼがまた少しずつふえてきたのは、どうしてですか。 (15)

（　　　）

(五) ［①］に当てはまる言葉を［　］から選んで（　）に書きましょう。 (10)

① （　　　）

［なぜなら・けれども・そのため］

(六) イそんな自然とは、何を指していますか。 (10)

（　　　）

(七) （　）の中に当てはまる言葉を［　］から選んで書きましょう。 (5×4)

あめんぼがよく見られる（　　）や小川の水は（　　）で、（　　）の働きで、あめんぼは（　　）にうかぶことができる。

［表面張力・きれいな水・水中・池・海・きたない水・水面］

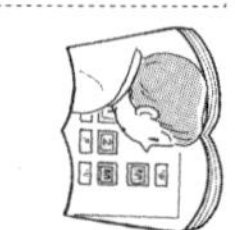

点字を通して考える（一）

名前

同じ形をした物を、目を使わずに区別するとしたら、あなたはどうするでしょうか。容器の形が同じシャンプーとリンスでは、シャンプーのほうに何本かの線がつき上がっています。これは、目の不自由な人がさわってわかるように付けられたものなのです。

テレフォンカードの丸い切りこみも、さわってわかるようにするためのくふうです。どのカードにも、左手前に切りこみが付けられているので、カードのうら表や入れる向きがわかります。さらに、丸い切りこみはテレフォンカード、三角は電車やバスなどの乗り物、四角は買い物などのカードと、切りこみの形によって種類が区別できるようになっています。

目の不自由な人のための点字による表示も、街のあちこちで見かけるようになりました。駅の券売機には、金がくや「よびだし」「とりけし」などのボタンの説明が点字で書かれています。エレベーターの表示板にも、階数や「あけ」「しめ」などが点字で書かれているものがふえてきました。

上の文章を読んで、答えましょう。

（一） 容器の形が同じシャンプーとリンスでは、シャンプーのほうに何本かの線がつき上がっているのは、何のためですか。（10）

（　　　　　　　　　　）

（二） さわってわかるようにするために、カードにはいろいろな切りこみがあります。（10）

① カードの左手前に付けられている切りこみは、何のためですか。

（　　　　　　　　　　）

② 切りこみの形によって、カードの種類がさわって区別できます。それぞれ何のカードですか。（10×3）

丸い切りこみ（　　　　）

三角の切りこみ（　　　　）

四角の切りこみ（　　　　）

（三） 点字について書きましょう。（10×2）

① 駅の券売機には、点字でどんなことが書かれていますか。

（　　　　　　　　　　）

② エレベーターの表示板には、点字でどんなことが書かれていますか。

（　　　　　　　　　　）

（四） 上の文には、目を使わずに物を区別したり、表示したりする方法が三つ書かれていました。大きくわけて、何と何と何ですか。（10×3）

（　　　　）（　　　　）（　　　　）

点字を通して考える (2)

名前

今、世界じゅうで使われている点字は、フランスのルイ＝ブライユによって、一八二五年に作られました。

ブライユは一八〇九年に生まれ、三才の時のけがが原いんで失明しました。十才でパリの盲学校に入学したブライユは、そこで、「凸字」という文字に出会いました。

「凸字」とは、文字をそのままの形でうき上がらせたもので、それをさわって読むものです。アそれまではだれかに読んでもらわなければならなかったブライユにとっては、凸字との出会いは、とてもうれしいことでした。

けれども、凸字になれてくると、イそれはやはり満足できるものではありませんでした。一文字ずつ指でたしかめながら読んでいると、最初のほうに書いてあったことをどうしてもわすれてしまいます。

また、凸字の本を作ることは大変な作業です。ですから、本の種類もわずかしかありませんでした。ふつうの文字なら一さつですむ本も、凸字にすると、何さつもの重い本になってしまいます。それに、凸字は読むことができても、自分で書くことができないものだったのです。

上の文章を読んで、答えましょう。

(一) 点字はいつ、どこの国の人によって作られたのですか。(10×2)

（　　　　）年（　　　　）

(二) 凸字に出会うまでのルイ＝ブライユという人についてまとめましょう。(10)

（　　　　）

(三) 凸字とは、どんな文字ですか。(10)

（　　　　）

(四) アそれまでとは、いつまでのことでしょう。(10)

（　　　　）

(五) ブライユにとって、凸字との出会いがとてもうれしいことだったのは、何ができるようになったからですか。(10)

（　　　　）

(六) イそれはやはり満足できるものではありませんでした。とありますが、なぜ満足できないのですか。(10)

（　　　　）

(七) 凸字の本は、どんな点で作りにくかったり、使いにくかったりしましたか。三つ書きましょう。(10×3)

（　　　　）

（　　　　）

（　　　　）

(学校図書 みんなと学ぶ 小学校国語 4年(下) 黒崎 恵津子)

夜に鳴くセミ (1)

名前

夏といえば、セミの鳴き声が思いうかぶほど、セミは、わたしたちの生活になじみ深いものです。みなさんのなかでも、夏にセミとりをしたことがある人は多いことでしょう。

今、日本には、およそ三十二種類ものセミがいることが、たしかめられています。これは、世界でもおどろくべき種類の多さなのです。そのうち、東京の都心部では、六種類ほどのセミを見ることができます。体の大きい順に、クマゼミ、ミンミンゼミ、アブラゼミ、ヒグラシ、ツクツクボウシ、そして、ニイニイゼミです。

わたしの受ける感じでは、かつては、いちばん数が多いのがアブラゼミ、二位はツクツクボウシ、三位はニイニイゼミ、そして四位がミンミンゼミでした。

それが近年、ニイニイゼミがめっきり少なくなってきています。一方、ミンミンゼミの「ミーン、ミーン、ミーン」という鳴き声がずいぶん目立つようになってきました。どうしてなのでしょう。

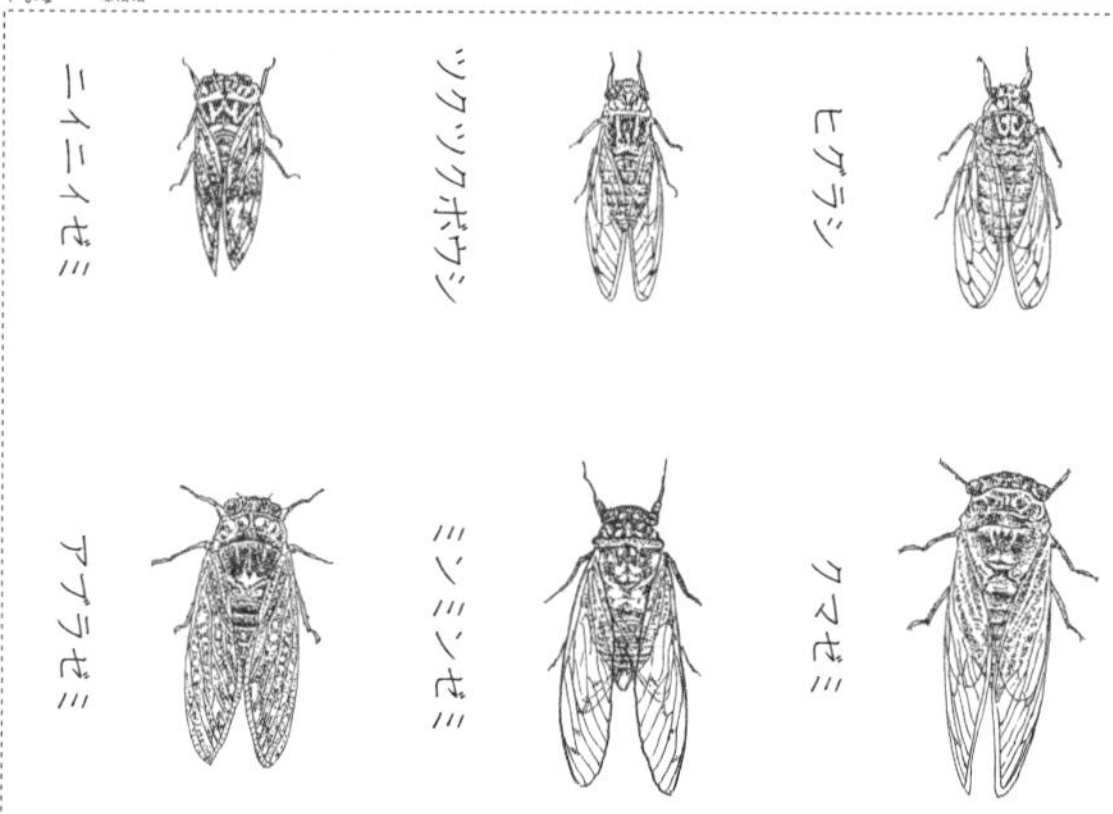

（大阪書籍　小学国語4年（上）　佐々木洋）

上の文章を読んで、答えましょう。

(一) ア セミは、わたしたちの生活になじみ深いものです。とありますが、どんなことがあげられていますか。二つ書きましょう。（10×2）

（　　　）
（　　　）

(二) イ これとは、何を指していますか。（10）

（　　　）

(三) 東京の都心部のセミについて答えましょう。

① 何種類ほどのセミがいますか。（10）

（　　　）

② その中でいちばん小さいセミと、二番目に小さいセミを書きましょう。（5×2）

いちばん小さい（　　　）
二番目に小さい（　　　）

(四) ウ わたしの受ける感じで、かつて数の多かった順に、セミの名前を書きましょう。（5×4）

一位（　　　）
二位（　　　）
三位（　　　）
四位（　　　）

(五) エ かつてと同じ意味を表す言葉に、○をしましょう。（10）

（　）以前
（　）いつぞや
（　）近ごろ

(六) 近年、セミの種類と数は、どう変化してきたと言えますか。二つ書きましょう。（10×2）

（　　　）
（　　　）

夜に鳴くセミ (2)

名前

今、世界じゅうで温暖化が進んでいるといわれています。[①]、東京のような大都市では、自動車や冷暖房機器などから、たくさんの熱が大気中に放たれています。また、地表はアスファルトでおおわれていて、なかなか冷めにくくなっています。[②]、東京は、熱に包まれた島のようになってしまっています。ア<u>それ</u>によって、土がかわきがちになってきたことが、ニイニイゼミとミンミンゼミの数の変化の原いんなのです。

ミンミンゼミは、少しかわいた土を好みます。動作がすばやく、木の高いところで鳴くので、発見するのがむずかしいセミでしたが、最近では、子どもたちの首からぶら下がる虫かごにもまじるようになりました。ミンミンゼミは、土がかわいてきたことによってふえてきたのです。

[③]、ニイニイゼミは、しっ気のある土を好みます。ニイニイゼミのぬけがらに、たくさんの土がこびりついているのは、イ<u>その</u>ためでもあります。ニイニイゼミは、土がかわいてきたために、すみにくくなってしまったのです。

(大阪書籍　小学国語4年(上)　佐々木洋)

上の文章を読んで、答えましょう。

(一) 東京のような大都市で温暖化が進んでいる原いんを二つ書きましょう。 (12×2)

（　　　）
（　　　）

(二) ア<u>それ</u>は、何を指していますか。 (12)

（　　　）

(三) 温暖化が進む東京では、なぜミンミンゼミがふえてきたのですか。 (12)

（　　　）

(四) 温暖化が進む東京では、なぜニイニイゼミがへってきたのですか。 (12)

（　　　）

(五) イ<u>その</u>は、何を指していますか。 (10)

（　　　）

(六) [①]～[③]に当てはまる言葉を[　]から選んで（　）に書きましょう。 (10×3)

① （　　　）　② （　　　）　③ （　　　）

一方・そのため・そのうえ

夜に鳴くセミ

(3)

名前

そして近年、東京のセミたちには、もう一つの変化が起こっています。「夜に鳴くセミ」があらわれたことです。

セミは、もともとは日中に鳴きます。種類によって、鳴く時間にちがいはありますが、夜中に鳴く種類のセミはいません。そ[ア]れが、今や、深夜にセミの大合唱が聞こえることもめずらしくありません。セミがうるさくてねられないという苦じょうが役所に持ちこまれることもあるそうです。

[イ]その原いんの一つは、熱に包まれた島のようになった東京では、夜も温度が下がらず、昼間のように暑くなっていることです。

さらに大きな原いんとして、街灯やネオン、車のライト、自動はんばい機、深夜も営業しているコンビニエンスストアなどの光によって、夜でも昼間のように明るくなっていることがあります。

どちらの原いんも、人間の生活が作り出しているものです。それによって、自然が変化しているのです。

セミの変化の場合は、鳴き声として耳ではっきりと知ることができるだけに、人間の生活が自然におよぼすえいきょうを、強く思い知らされるのではないでしょうか。

日本は、昔から、四季の美しい国として、季節感をたいせつにしてきました。[①]、街のけしきや食べ物など、[ウ]生活の中から季節感はどんどん消えつつあります。[②]、今、夏の風物詩を代表するセミにも、大きな変化が起きているのです。

（大阪書籍 小学国語4年(上) 佐々木 洋）

上の文章を読んで、答えましょう。

(一) 東京のセミたちの、もう一つの変化とは何ですか。(10)

(　　　　)

(二) [ア]それとは、何ですか。(10)

(　　　　)

(三) ① [イ]その原いんの「その」とは、何を指しますか。(10×3)

(　　　　)

② [イ]その原いんを、二つ答えましょう。

(　　　　)

(　　　　)

(四) 東京が夜でも昼間のように明るくなっているのは、何の光が原いんですか。具体的に四つ書きましょう。(5×4)

(　　　　)(　　　　)(　　　　)(　　　　)

(五) [ウ]生活の中から季節感はどんどん消えつつあります。とありますが、季節感の消えつつあるものを、文中から二つ書きましょう。(10×2)

(　　　　)(　　　　)

(六) [①]・[②]に当てはまる言葉を[　　]の中から選んで(　)に書きましょう。(5×2)

① (　　　　)　② (　　　　)

そして・次に・しかし

大阪書籍 小学国語4年（下） 金尾恵子

進化した路面電車 (1)

名前

①

みなさんは、路面電車という言葉から、どんな電車を思いうかべますか。ガッタン、ゴットンと、のんびり走っている様子を思いうかべる人が多いのではないでしょうか。

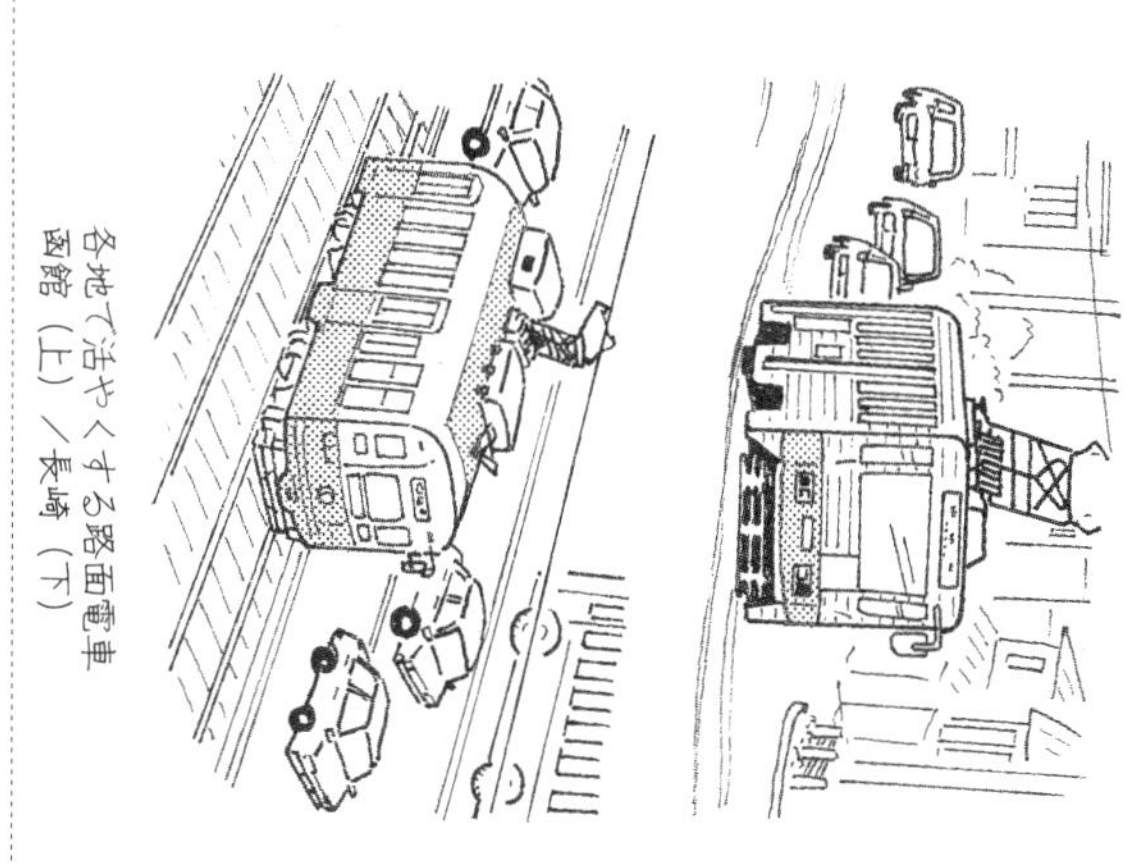
各地で活やくする路面電車
函館（上）／長崎（下）

②

日本で最初の路面電車は、一八九五年に京都市で開通しました。ア その後、各地で路面電車が作られるようになり、一九三二年には全国六十七都市に広がりました。ところが、イ それ以後はしだいにへっていき、二〇〇二年げんざい、残っているのは十九都市にすぎません。

③

多くの都市から路面電車がなくなったいちばん大きな理由は、自動車がふえたことです。特に一九六〇年代の後半から、自動車が急速にふえるようになりました。道路は自動車であふれ、交通じゅうたいをふせぐためには路面電車をなくすしか方法はないと思われたため、路線は次々とはい止されていったのです。

上の文章を読んで、答えましょう。

(一) 日本で最初の路面電車は、いつ、どこで開通しましたか。（6×2）

いつ（　　　）　どこ（　　　）

(二) 路面電車がいちばん多かったのはいつで、どのくらいの数の都市に広がりましたか。（6×2）

いつ（　　　）　どのくらい（　　　）

(三) 多くの都市から路面電車がなくなったいちばん大きな理由は何ですか。（10）

（　　　）

(四) 特に自動車が急速にふえたのは、いつごろからですか。（10）

（　　　）

(五) なぜ、路面電車が次々とはい止されたのですか。（10）

（　　　）

(六) 二〇〇二年に路面電車が残っていたのは、いくつの都市ですか。（10）

（　　　）

(七) 次の文は、上の①～③の、どのだん落のことですか。（　）に番号で書きましょう。（10×2）

（　）路面電車の広がりと減少

（　）路面電車が少なくなった理由

(八) アその、イそれは、何を指していますか。（8×2）

ア（　　　）

イ（　　　）

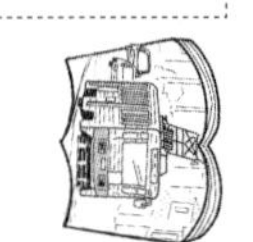

進化した路面電車 (2)

名前

しかし、最近になって、路面電車の役わりを見直そうという考え方が出てきています。[ア]それは、ヨーロッパやアメリカでの、「進化した路面電車」の成功が知られるようになったからです。たとえば、ドイツにあるザールブリュッケンという都市では、日本と同様、第二次世界大戦後に自動車の数が急速にふえ、路面電車は一九六五年にすべてはいし止されました。[①]、それから三十年あまり後の一九九七年に、この町に、新しいデザインの「進化した路面電車」が走り始めたのです。

[②]、[イ]それまでの路面電車には、どんな短所と長所があったのでしょうか。

短所の第一は「おそい」ということです。停止時間が長いのです。なぜそうなるかというと、道路にはただでさえ信号が多いのに、自動車が電車の進行をさまたげることがあるからです。また、ワンマン運転だと、乗客の運ちんしはらいに時間がかかるために、乗りおりの時間も長引きます。

短所の第二は「こうりつが悪い」ということです。路面電車の多くは一両だけで乗客の定員が少ないため、運転士一人あたりの輸送量が少ないのです。

短所の第三は道路上の停りゅう場が、いっぱんにせますぎてきけんであるし、車いすなども利用できないことです。

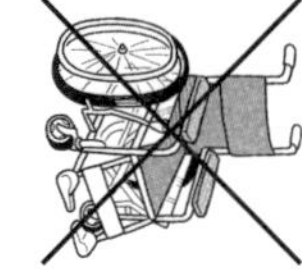

（大阪書籍　小学国語4年（下）　今尾恵介）

上の文章を読んで、答えましょう。

(一) [ア]それは、何を指していますか。(10)

（　　　　）

(二) ザールブリュッケンという都市の路面電車について考えましょう。(10×3)

① ザールブリュッケンは、どこの国の都市ですか。（　　　　）

② 一九六五年、ザールブリュッケンの路面電車はどうなりましたか。（　　　　）

③ 一九九七年、ザールブリュッケンの路面電車はどうなりましたか。（　　　　）

(三) [イ]それまでの路面電車の短所とそのくわしい説明を表にまとめましょう。(10×5)

	第一	第二	第三
短所			停りゅう場が、せますぎてきけん
短所のくわしい説明			車いすなどが利用できない。

(四) [①]と[②]に当てはまる言葉を[　]から選んで（　）に書きましょう。(5×2)

① （　　　　）　② （　　　　）

では・たとえば・まず・しかし

思考力・表現力・活用力を高め、
よりPISA型をめざした

全文読解力問題

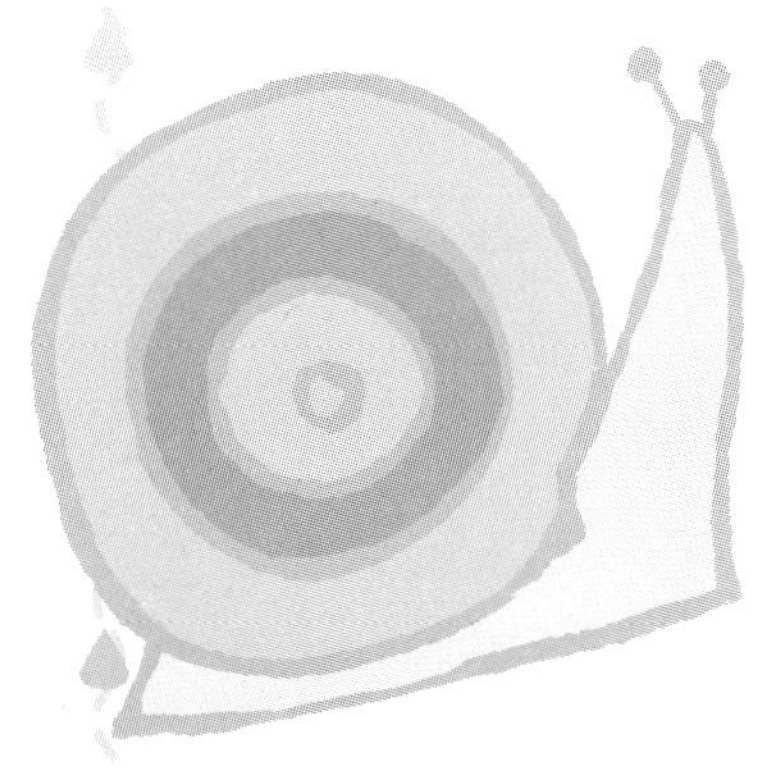

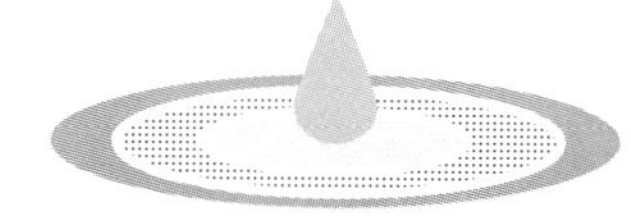

「かむ」ことの力　(1)

名前

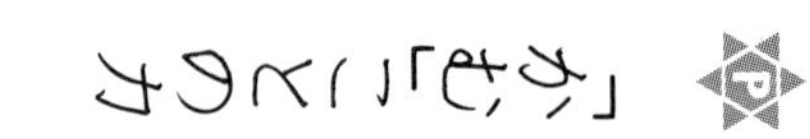

1 「よくかんで食べなさい。」と、いつも言われていませんか。かむって、どういうことなのでしょう。また、よくかむと、どんないいことがあるのでしょう。いっしょに考えてみましょう。

2 食べ物を一口、口の中に入れてみましょう。熱い、冷たい、かたい、やわらかい、大きい、小さいなど、食べ物にはさまざまなちがいがあります。その食べ物を上あごと下あごの歯でかむと、食べ物の様子が脳に伝わります。脳は、その知らせを受けて、「この食べ物は、このようにかみなさい。」と、よくかみくだけるように、あごを動かす筋肉に指令を出します。また、だえきを出すようにという指令も出します。そうして、かめばかむほど、食べ物は口の中でだえきとまじり、だんだん小さく、やわらかくなっていきます。こうすることで飲みこみやすくなった食べ物は、初めてごっくんと食道に送りこまれるのです。

3 これらのひとつながりの動作を「そしゃく」といいます。そしゃくは、食べ物に直接ふれる歯、あごの骨、あごの関節、あごを動かす筋肉、口のまわりの筋肉、ほお、した、くちびるなど、多くの部分がたがいにうまく協力しないとできません。これらの部分は、動けば動くほど、きたえられて強くなります。つまり、かめばかむほど、歯も骨も関節も筋肉も強くなるということです。

4 また、かめばかむほど、だえきもたくさん出てきます。だえきがたくさん出ることは、消化を助けるだけでなく、歯の健康にとっても大事です。ふつう、だえきは一日に、おおよそ一リットルほど出ます。大量のだえきは、歯の表面のよごれやばい菌などをあらい流して、虫歯になるのをふせぐ働きをします。また、だえきには歯と同じ成分がふくまれていて、歯の表面にできた初期の虫歯に対しては、元の健康な歯にもどるのを助けてくれます。

（光村図書　国語　4年(上)かがやき　金田冽）

「かむ」ことの力　(2)

名前

5 かめばかむほどいいことは、ほかにもあります。まず、食べ物をだえきといっしょに数十回もよくかむと、脳から「もうおなかがいっぱいだよ。」という知らせが出されます。脳はかむことを通して、胃や腸がちょうどいい具合に働くように、食べ物の量を調整しているのです。よくかまないで飲みこむと、いつまでも知らせが出ず、食べすぎてしまったり、胃や腸がつかれて、栄養が取り入れられなくなったりします。

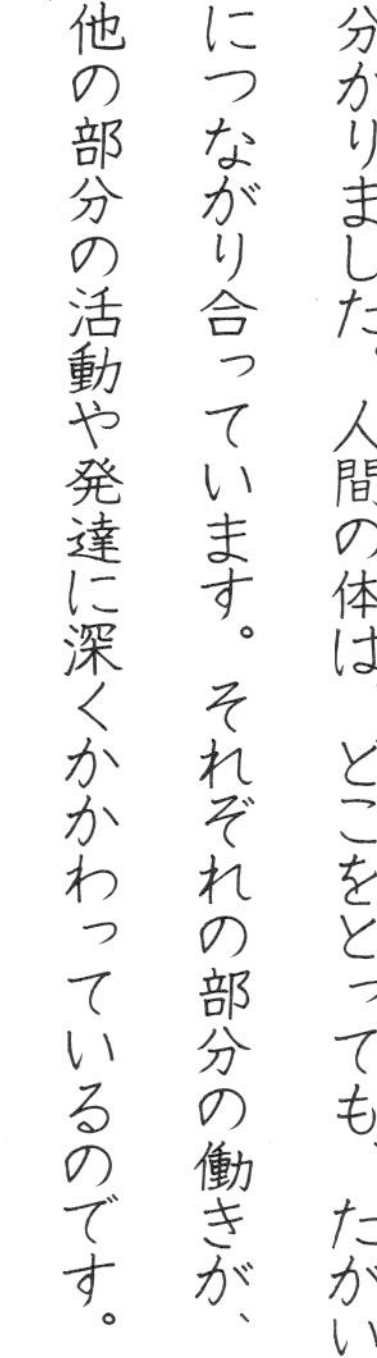

6 次に、歯や歯のまわりの骨・筋肉が強くなると、歯を食いしばる力が強くなります。実は、歯を食いしばる力と、体全体の力は関係していることが分かっています。つな引きで力いっぱいにつなを引いているときや、ドッジボールで球を投げたり受け止めたりするとき、わたしたちは思い切り歯を食いしばっています。このとき、ものすごい力が歯にかかっています。虫歯があっては強い力は出せません。また、歯の強さが左右でちがっていると、体全体の力も左右のバランスがとれなくなることがあります。ですから、歯の全体を使ってよくかむことは、体全体の成長や活動にとっても大切です。

7 さらに、かむことは脳の働きと結び付いているので、よくかむことで、脳の働きが活発になります。朝ごはんをよくかんで食べると、それによって脳の働きが活発になり、ねむ気がさめて心が安定し、学習能力も高まるということが分かっています。

8 このように、かむことは、わたしたちの体全体にかかわる大切な働きであることが分かりました。人間の体は、どこをとっても、たがいにつながり合っています。それぞれの部分の働きが、他の部分の活動や発達に深くかかわっているのです。

（光村図書　国語　4年（上）かがやき　金田　洌）

「かむ」ことの力

名前

『「かむ」ことの力』(1)・(2)を読んで、答えましょう。

(一) 2の部分について、何が書かれているか短い言葉でまとめました。あなたは、次の三人のうち、どの意見が正しいと思いますか。正しいと思う意見に○を付け、その理由を[　]に書きましょう。 (( )=8 [ ]=10)

(　) しろう「食べ物のちがい」について (　) たつお「そしゃく」について (　) ゆうり「脳のはたらき」について

[　　　　　　　　　　]

(二) 「そしゃく」をするときに使う、人の体の部分の名前を八つ書きましょう。 (3×8)

(　)(　)(　)(　)
(　)(　)(　)(　)

(三) 「かむ」ことの大切さが書かれていますが、「よくかまない」食べ方をしていると、どんなことが起こるのでしょうか。三つ書きましょう。 (8×3)

(　)
(　)
(　)

(四) 「朝食をしっかりとろう」とよく言われますが、その理由が書かれた文章をぬき書きしましょう。 (10)

(　)

(五) 5・6・7のだん落で、かめばかむほどいいことをまとめている文が、それぞれにあります。まとめている文をぬき書きしましょう。 (8×3)

5 (　)
6 (　)
7 (　)

花を見つける手がかり（一）

名前

1

もんしろちょうは、日本じゅうどこにでもいる、ありふれたちょうです。みなさんも知っているように、もんしろちょうは、花に止まって、そのみつをすいます。

いったい、もんしろちょうは、何を手がかりにして、花を見つけるのでしょう。花の色でしょうか。形でしょうか。それとも、においでしょうか。もんしろちょうにきいてみればわかるのですが、そんなわけにはいきません。

2

日高敏隆先生と東京農工大学の人たちは、この疑問をとくために、大がかりな実験をしました。

実験には、たくさんのもんしろちょうが必要です。一度に百ぴき、二百ぴきというもんしろちょうを放し、花を見つける様子をえい画のカメラで記録して、くわしく観察するためです。キャベツをえさに青虫を育て、実験に使うもんしろちょうを用意しました。

3

実験は、まず、花だんの花を使って始めました。花だんには、赤・黄・むらさき・青と、四種類の色の花がさいています。少しはなれた所で、生まれてから花を見たことのないもんしろちょうを、いっせいに放しました。

もんしろちょうは、いっせいに、花だんに向かってとんでいきます。もんしろちょうは、生まれながらに、花を見つける力を身につけているようです。

花だんは、たちまち、ちょうでいっぱいになってしまいした。注意して見ると、ちょうのよく集まる花と、そうでない花とがあります。赤い花には、あまり来ていないようです。もんしろちょうは、色で花を見分けているのでしょうか。

でも、そう決めてしまうのは、ちょっと早すぎます。たまたま、花だんに植えた赤い花が、おいしそうなにおいを出していないのかもしれないからです。色か、においか、――そこのところをたしかめるには、別の実験をしなければなりません。

［花だんの場合］

赤　黄　むらさき　青

4

そこで、今度は、においのしない花――プラスチックの造花を使うことにしました。色は、花だんのときと同じ赤・黄・むらさき・青の四種類です。

もんしろちょうを放すと、やはり、まっすぐに造花に向かってとんでいきました。止まって、みつをすおうとするものもいます。プラスチックの造花には、みつもないし、においもありません。ですから、もんしろちょうは、においではなく、花の色か形にひかれていると考えられるでしょう。

そして、造花の場合も、赤い花には、あまりやってきませんでした。

［造花の場合］

赤　黄　むらさき　青

（教育出版　ひろがる言葉　小学国語4上（二）　吉原順平）

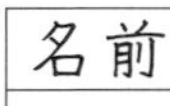

花を見つける手がかり (2)

名前

5 次の実験では、花の代わりに、四角い色紙を使ってみました。色紙にも集まってくれば、花の形が問題なのではなく、色だけが、もんしろちょうをひきつけているということになるでしょう。用意した色は、前と同じ四種類です。もんしろちょうは、色紙を花だと思ってくれるでしょうか。

いよいよ、二百ぴきほどのもんしろちょうを放してみました。むらさきのただの紙なのに、やはり、ちょうは集まってきます。黄色の色紙に止まったものもいます。止まったちょうは、長い口をのばして、みつをすおうとしています。もんしろちょうは、色紙を花だと思っているようです。

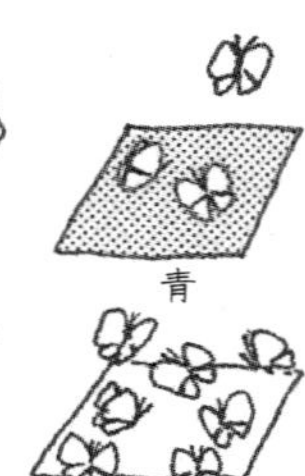

集まり方を色別に調べてみました。いちばん集まったのがむらさき、二番めが黄色、青に来たものは少なく、赤には、ほとんど来ませんでした。念のため、赤い色紙にみつをつけたものを用意してみましたが、これにもちょうは来ませんでした。

6 このような実験から、もんしろちょうは、色によって花を見つけること、赤い花は見えないらしいことがわかりました。

7 「そんなことをいったって、赤い花にもんしろちょうが来ているのを見たことがあるよ。」

と言う人が、いるかもしれません。そういう人は、ちょっと思い出してください。赤い花のまん中に、黄色のおしべ・めしべがありませんでしたか。もんしろちょうは、その黄色を目あてに、やってきたのでしょう。

8 こん虫は、何も語ってくれません。しかし、考え方のすじ道を立てて、実験と観察を重ねていけば、その生活の仕組みをさぐることができます。

もんしろちょうのよく集まる花

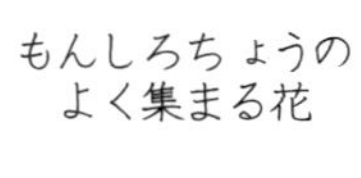

なのはな

だいこん

ダリア

(教育出版 ひろがる言葉 小学国語4年(上) 吉原順平)

花を見つける手がかり

名前

「花を見つける手がかり」(1)・(2)を読んで、答えましょう。

(一) 実験で用意したものを書きましょう。 (8×4)

一回目から三回目まで全部の実験で用意したもの (　　　)

一回目の実験 (　　　)

二回目の実験 (　　　)

三回目の実験 (　　　)

(二) 「花を見つける手がかり」の文章を、1～8の八つに分けました。次の文は、1～8の文をかんたんにまとめたものです。当てはまる番号を(　)に書き入れましょう。 (5×8)

(　) 考え方のすじ道を立てて、実験を重ねていくことの大切さ

(　) 四種類の色のプラスチックの造花での実験

(　) 実験に使う、たくさんのもんしろちょうの用意

(　) 赤い花に来たもんしろちょうは、何を目あてにやってきたのか

(　) もんしろちょうは何を手がかりにして花を見つけるのか (はじめの疑問)

(　) 四種類の色の色紙での実験

(　) 三つの実験から分かったこと (まとめ)

(　) 四種類の色の花だんの花での実験

(三) 次のことが分かるのは、何回目の実験ですか。□に数字を書きましょう。 (6×2)

- 花の形ではなく、色だけが、もんしろちょうをひきつけている。……… □回目の実験
- もんしろちょうは、においではなく、花の色か形にひかれている。…… □回目の実験

(四) 実験の仕方で、どのようにすじ道を立てていますか。あ～うからよいものを一つ選んで、□に記号を書きましょう。 (8)

あ 三回とも同じものを用意して、くり返し実験をしてたしかめている。

い 分かった事がらはだんだんと外して、分からなかったことをつぎつぎに実験している。

う 分かった事がらをだんだんと加えていって、三回実験をしている。

□

(五) あなたが、こん虫について、実験や観察をしてたしかめてみたいことや疑問に思っていることを書きましょう。 (8)

(　　　)

アーチ橋の仕組み　(1)

名前

㋐ 左の三まいの写真を見くらべてみましょう。

㋑ 三つの橋には、よくにたところがあるのに気がついたでしょうか。

㋒ そうです、どの橋にも、大きなアーチがあります。このような橋をアーチ橋といいます。

㋓ ところで、このように、アーチが橋の組み立てに使われているのはなぜでしょうか。この疑問(ぎもん)をとくために、次のような実験をしてみましょう。

㋔ まず、はば五センチメートルぐらい、長さ四十センチメートルぐらいの板目紙(いためがみ)*を用意します。そして、二つのつくえを三十センチメートルぐらいはなしてならべ、その間に板目紙をかけわたします。大きめの消しゴムをその「橋」のまん中にのせてみましょう。すると、「橋」はたちまち落ちてしまいます。

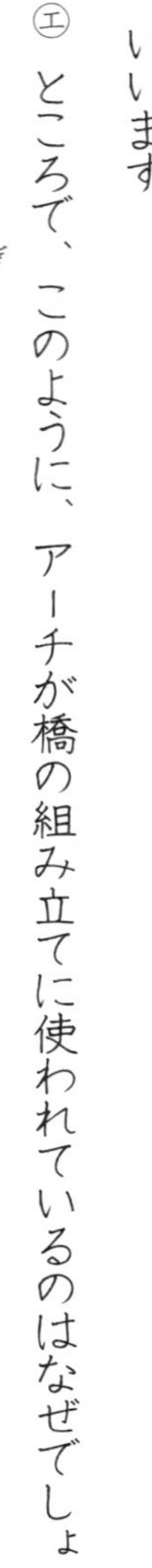

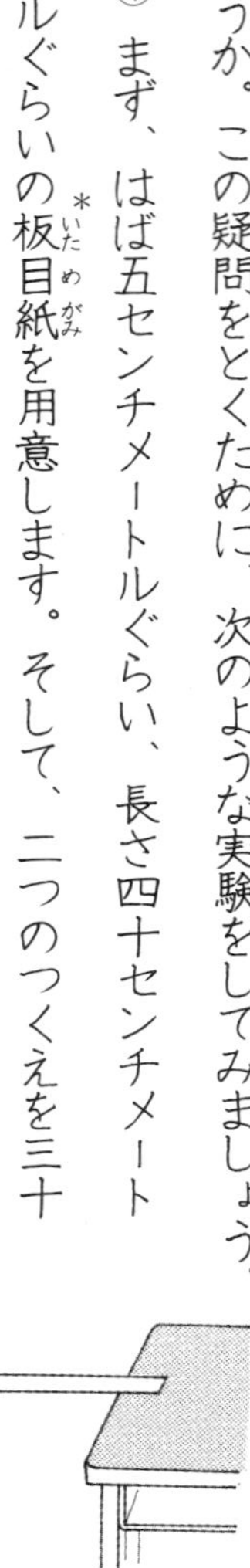

㋕ 次に、その板目紙を写真のように反らせてアーチの形にしてみます。この時、板目紙の両はしがすべって、アーチがくずれないように、辞典などの重いものをおいておきます。このアーチの「橋」の上に、さっきの消しゴムをのせてみましょう。「橋」はびくともしません。消しゴムを二つのせても平気です。

㋖ このように、アーチは重いものをささえるのにてきしています。アーチ橋は、その仕組みを生かしてつくられているのです。

㋗ 次のページのアーチ橋は、石でつくられています。このアーチ橋は、同じくらいの大きさの石をアーチの形に組み合わせています。

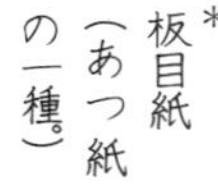
＊板目紙（あつ紙の一種。）

（教育出版　ひろがる言葉　小学国語4年（下）　小山田(おやまだ)　了三(りょうぞう)）

アーチ橋の仕組み

(2)

名前

㋘ では、石をアーチの形に組み合わせるには、どのようにすればよいのでしょうか。

㋙ まず、アーチの両はしにあたるところに、じょうぶな土台をつくります。そして、アーチの形になるように木のほね組みをつくります。

㋚ 次に、木のほね組みにそって、両はしから台形の石を積んでいき、いちばん上の一列だけを残します。そして、そこに、かなめ石とよばれる石を、しっかりとはめこみます。

㋛ 最後に、木のほね組みを取りはずせば、アーチの形に積み上げられた石が、自分たちの重さでたがいに固くしめつけ合って、少しのゆるみもなく組み合わさることになります。

㋜ こうして、しっかりした石づくりのアーチ橋が完成するのです。

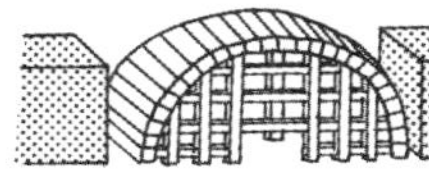

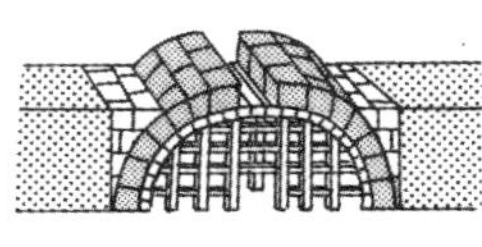

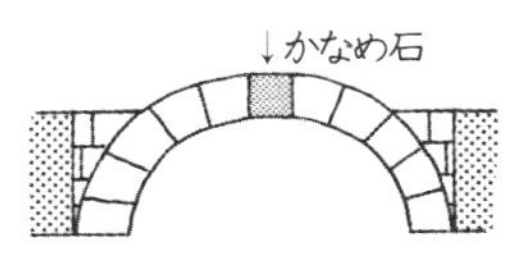

㋝ アーチが重いものをささえるのにてきしているということや、石をどう組み合わせればアーチになるのかということは、ヨーロッパや中国などでは、ずっと昔から知られていました。今から二千年以上も前に、ローマ人によってつくられた水道橋も、大がかりなアーチ橋として有名です。

㋞ 日本でも、石がよく使われていた九州地方を中心に、中国から伝わってきたぎじゅつにもとづいて、三百年ほど前から、石づくりのアーチ橋が数多くつくられてきました。長崎市の「眼鏡橋」、熊本県矢部町の水道橋「通潤橋」などはその代表です。

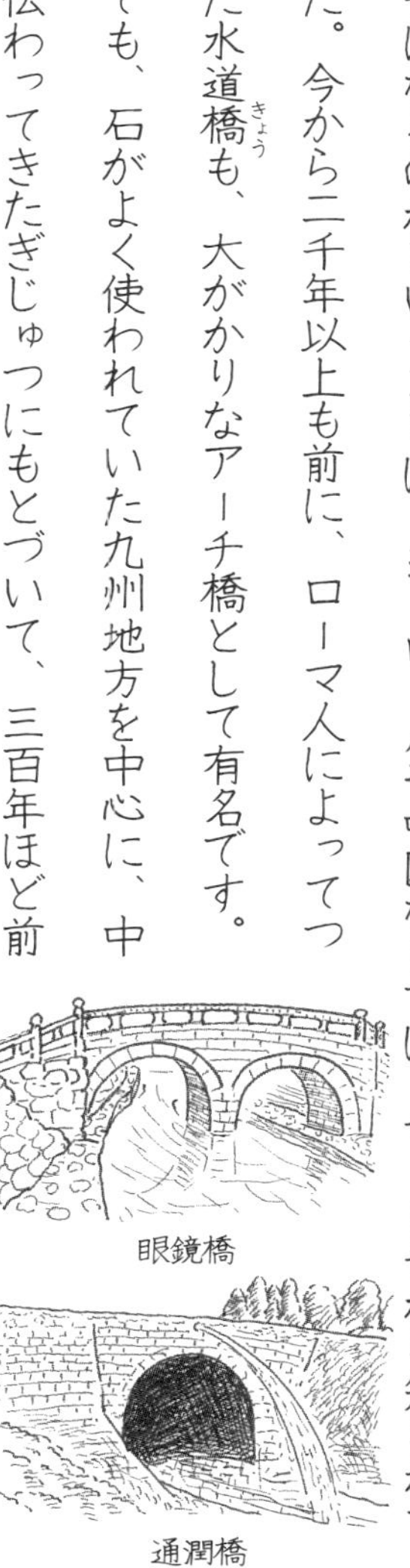

眼鏡橋

通潤橋

㋟ 現代のアーチ橋は、初めの写真で見たように、こう鉄やコンクリートを用いてつくられており、昔のものとは形も大きさもずいぶんことなっています。けれども、アーチが重さをささえる仕組みそのものは同じです。昔から受けつがれてきた人々のちえは、今もこうして生きているのです。

(教育出版 ひろがる言葉 小学国語4年(下) 小山田了三)

アーチ橋の仕組み　かい答用紙①

名前

「アーチ橋の仕組み」(1)・(2)を読んで、答えましょう。

(一)　板目紙と消しゴムを使った二つの実験は、何をたしかめるための実験ですか。（15）

（　　　　　　　　　　　　）

(二)　次の二つのうち、どちらの実験の「橋」が、アーチ橋の仕組みに生かされていますか。イラストの（　）に○をしましょう。（10）

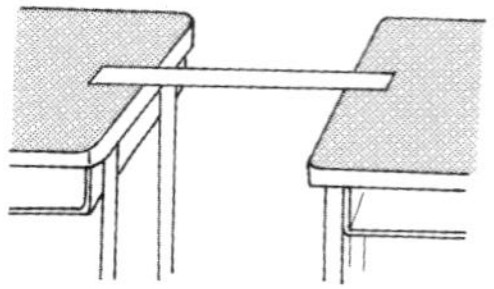

（　）　（　）

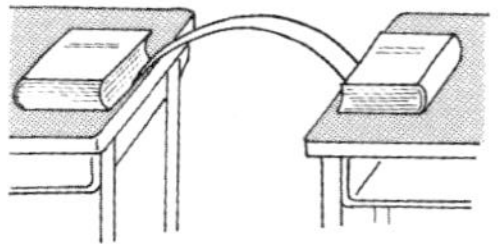

(三)　(二)の「重いものをささえるのにてきしたアーチ」について、その疑問や実験や、その結果が書かれているのは、㋐～㋟のうちの、どこからどこまででしょうか。記号で書きましょう。（15）

（　　）～（　　）

(四)　問いかけをしている文を、(1)のページから一つ、(2)のページから一つ見つけて、ぬき書きしましょう。また、(1)のページの問いの答えの部分もぬき書きしましょう。（10×4）

(1)のページの問い

（　　　　　　　　　　　　）

(1)の答え

（　　　　　　　　　　　　）

(2)のページの問い

（　　　　　　　　　　　　）

(2)の答えは、㋐～㋟のどこに書かれていますか。記号で書きましょう。（　　）～（　　）

(五)　「アーチ橋の仕組み」の全文は、どのような順に書かれているでしょうか。左の（　）に、書かれている順に2～5の番号を入れましょう。（20）

（ 1 ）大きなアーチのある橋をアーチ橋という

（　）世界や日本で、昔からつくられてきた石のアーチ橋

（　）重いものをささえるのにてきしたアーチ

（　）昔から受けつがれてきた人々のちえの生かされた、現代のアーチ橋

（　）石をアーチの形に組み合わせる方法

アーチ橋の仕組み　かい答用紙2

名前

「アーチ橋の仕組み」(1)・(2)を読んで、答えましょう。

(一) 石のアーチが完成するまでの順について、次の（　）に当てはまる作業を入れましょう。(10×3)

(1) アーチの両はしに、じょうぶな土台をつくる。

→(2)（　　　）

→(3)（　　　）

→(4) いちばん上の一列に、かなめ石をはめこむ。

→(5)（　　　）

→(6) 石づくりのアーチ橋の完成。

(二) 次のイラストの説明をしている所を、本文よりぬき書きしましょう。(10×3)

（　　　）

（　　　）

（　　　）

(三) 日本の石づくりのアーチ橋について書かれているのは、㋐～㋟のどこですか。(10)（　　　）

(四) 日本とヨーロッパ・中国とでは、どちらの方が古くから石づくりのアーチ橋がつくられていたのでしょうか。(10)（　　　）

(五) 現代のアーチ橋は、昔のアーチ橋とどのような点がちがいますか。(10)

（　　　）

(六) 「アーチ橋の仕組み」(1)・(2)を読んで、あなたが思ったことや感じたことなどを書きましょう。(10)

（　　　）

地下からのおくり物

名前

①

温泉に入って、病気やけがを治すことがあるのを知っていますか。どうして、温泉に入ると体調が良くなるのでしょうか。

家庭のお風呂の多くは、水道水を温めたものですが、温泉は自然のしくみで地下の水がお湯になったものです。日本は火山が多く、地下のマグマの活動が活発です。温泉は、このマグマのねつで温められた地下の水が、岩のわれ目などを通ってふき出たものです。わたしたちは、温泉のお湯にゆっくりつかると、体が温められて血のめぐりが良くなり、体調が良くなるのです。

でもこれだけだと、温泉とふつうのお風呂ではあまり変わりがありません。温泉にはもっとひみつがありそうです。

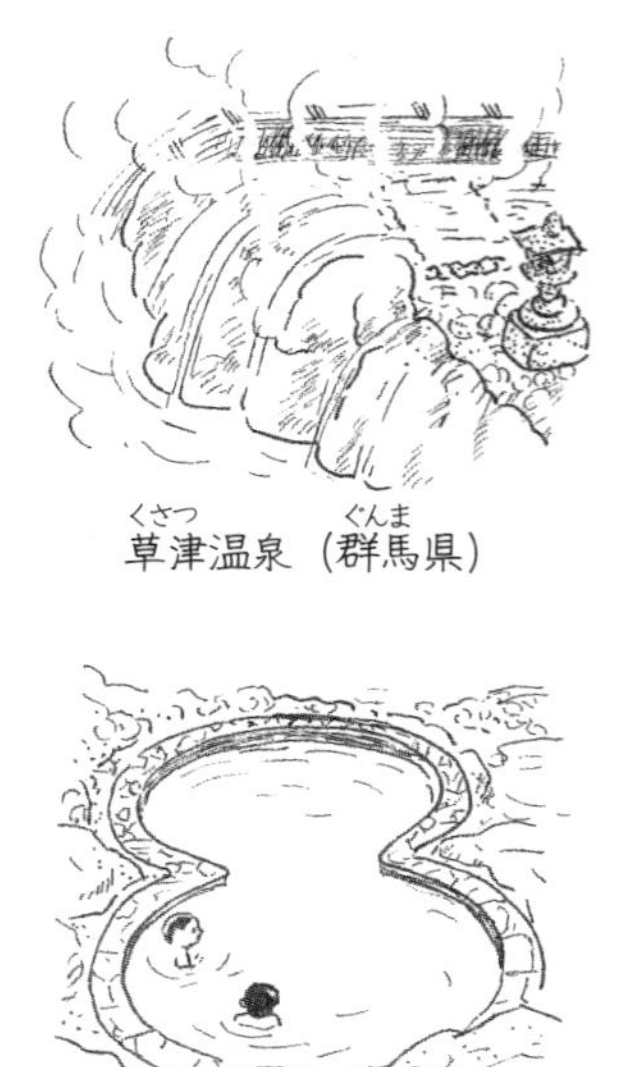

草津温泉（群馬県）

不老ふ死温泉（青森県）**赤茶色**

白骨温泉（長野県）**白だく色**

②

ところで、前のページの温泉の写真を見て、気がついたことはありませんか。温泉によって、お湯の色がちがっていますね。温泉の水は、地下を旅する間に、マグマのねつに助けられて、いおうや鉄分などのさまざまな物質をとかしこみます。温泉にとけこんでいる物質がことなるので、お湯の色やにおいがちがっています。そして、これらの物質が、いろいろな病気やけがにきく薬の役目をしているのです。そのために、温泉に入ったり、温泉の水を飲んだりすると、体調が良くなるのです。

③

このように、温泉は、わたしたちを元気にしてくれる「地下からのおくり物」と言えます。地下からのおくり物は、温泉だけではありません。日本の各地にあるきれいなわき水なども、地下からの大切なおくり物です。

けれども、地下にしみこむ水は、地上にふる水のうちのごくわずかです。わたしたちが土地をよごしたり、地下の水を使いすぎたりすると、せっかくのおくり物も使えなくなってしまいます。

ですから、わたしたちは、この地下からのおくり物をただ受け取るだけでなく、大切にする心を持っていきたいものです。

（学校図書　みんなと学ぶ　小学校国語　4年（上））

地下からのおくり物

名前

「地下からのおくり物」を読んで、答えましょう。

(一) 全文を①②③の三つのまとまりに分けました。次の㋐㋑㋒の事がらは、①②③のどこに書かれていますか。(　)に番号を書きましょう。(8×3)

(　) ㋐ 温泉にとけている物質のはたらき

(　) ㋑ 地下からのおくり物を大切に

(　) ㋒ 温泉がわき出るしくみ

(二) この文には、地下からのおくり物が二つ書かれています。何と何ですか。(8×2)

(　　　　) (　　　　)

(三) 次の事がらは、[　] の㋐㋑㋒㋓のどれにあたりますか。(　)に記号を書きましょう。(5×10)

(　) ① 日本には、東北地方だけでなく、いろんな地方で温泉がわき出ている。

(　) ② 温泉によって、わき出たお湯の温度がちがう。

(　) ③ 地下からのおくり物を大切にしていきたい。

(　) ④ 沖縄や九州にも温泉はある。

(　) ⑤ 温泉は、地下のマグマのねつで温められた地下の水である。

(　) ⑥ 青森県の不老ふ死温泉のお湯は赤茶色をしている。

(　) ⑦ 温泉にとけこんでいる物質が、いろいろな病気やけがにきく。

(　) ⑧ 長野県の白骨温泉のお湯は白くにごっている。

(　) ⑨ 温泉のお湯にゆっくりつかると、体が温められて血のめぐりが良くなり、体調がよくなる。

(　) ⑩ 温泉によってとけこんでいる物質がことなるので、お湯の色やにおいがちがう。

㋐ 文を読むとわかる
㋑ 写真（イラスト）の解説からわかる
㋒ 文と写真（イラスト）の解説の両方からわかる
㋓ 文からも写真（イラスト）からもわからない

(四) 「地下からのおくり物」を読んで、あなたの思ったこと、感じたこと、考えたことなどを書きましょう。(10)

(　　　　　　　　)

夜に鳴くセミ (1)

名前

夏といえば、セミの鳴き声が思いうかぶほど、セミは、わたしたちの生活になじみ深いものです。みなさんのなかでも、夏にセミとりをしたことがある人は多いことでしょう。

今、日本には、およそ三十二種類ものセミがいることが、たしかめられています。これは、世界でもおどろくべき種類の多さなのです。そのうち、東京の都心部では、六種類ほどのセミを見ることができます。体の大きい順に、クマゼミ、ミンミンゼミ、アブラゼミ、ヒグラシ、ツクツクボウシ、そして、ニイニイゼミです。

クマゼミ　ミンミンゼミ　アブラゼミ　ヒグラシ　ツクツクボウシ　ニイニイゼミ

わたしの受ける感じでは、かつては、いちばん数が多いのがアブラゼミ、二位はツクツクボウシ、三位はニイニイゼミ、そして四位がミンミンゼミでした。

それが近年、ニイニイゼミがめっきり少なくなってきています。一方、ミンミンゼミの「ミーン、ミーン、ミーン」という鳴き声がずいぶん目立つようになってきました。どうしてなのでしょう。

今、世界じゅうで温暖化が進んでいるといわれています。そのうえ、東京のような大都市では、自動車や冷暖房機器などから、たくさんの熱が大気中に放たれています。また、地表はアスファルトでおおわれていて、なかなか冷めにくくなっています。そのため、東京は、熱に包まれた島のようになってしまっています。それによって、土がかわきがちになってきたことが、ニイニイゼミとミンミンゼミの数の変化の原いんなのです。

夜に鳴くセミ (1)

名前

「夜に鳴くセミ」(1)を読んで、答えましょう。

(一) 文中に書かれている事がらで、いちばん大切なことは何でしょう。 (5)

(　) セミの種類と数の変化　(　) セミの種類と大きさ　(　) セミの種類と鳴き方

(二) ① 東京の都心部で見られるセミを、体の大きい順にイラストの(　)に書きましょう。 (4×6)

ヒグラシ (　)　ミンミンゼミ (　)　ニイニイゼミ (　)　ツクツクボウシ (　)　クマゼミ (　)　アブラゼミ (　)

② ①の中で、あなたが見たり、鳴き声を聞いたことがあるセミは、どれですか。 (5)

(　　　　)

③ その鳴き声を聞いた季節はいつですか。(5) (　　　　)

(三) ① 文中で、とくに注目している二種類のセミを書きましょう。 (4×2)

(　　　　)(　　　　)

② その二種類のセミの数は、どう変わったと言っていますか。 (8)

(　　　　)

(四) 次の事がらは、下の㋐～㋓のどれに当てはまりますか。(　)に記号を書きましょう。 (7×5)

(　) 東京都心の六種類のセミの体の大きい順番
(　) 東京都心の六種類のセミの数の多い順番
(　) クマゼミの数とヒグラシの数は、どちらが多いか。
(　) 六種類のセミのはねのもよう
(　) 近年、ツクツクボウシとアブラゼミの数は、どちらが多いか。
(　) ニイニイゼミがへって、ミンミンゼミがふえているのはなぜか。

㋐ 文を読めば分かる
㋑ イラストから分かる
㋒ 文とイラストの両方でよく分かる
㋓ 文からもイラストからも分からない

(五) 日本でも温暖化が進んでいると言われます。あなたの生活の中で、どのようなことに心当たりがありますか。 (10)

(　　　　)

夜に鳴くセミ

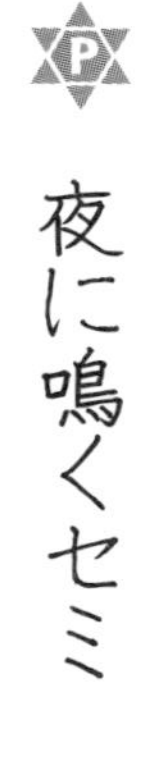

(2)

名前

1 ミンミンゼミは、少しかわいた土を好みます。動作がすばやく、木の高いところで鳴くので、発見するのがむずかしいセミでしたが、最近では、子どもたちの首からぶら下がる虫かごにもまじるようになりました。ミンミンゼミは、土がかわいてきたことによってふえてきたのです。

2 一方、ニイニイゼミは、しっ気のある土を好みます。ニイニイゼミのぬけがらに、たくさんの土がこびりついているのは、そのためでもあります。ニイニイゼミは、土がかわいてきたために、すみにくくなってしまったのです。

3 そして近年、東京のセミたちには、もう一つの変化が起こっています。「夜に鳴くセミ」があらわれたことです。

セミは、もともとは日中に鳴きます。種類によって、鳴く時間にちがいはありますが、夜中に鳴く種類のセミはいません。それが、今や、深夜にセミの大合唱が聞こえることもめずらしくありません。セミがうるさくてねられないという苦じょうが役所に持ちこまれることもあるそうです。

4 その原いんの一つは、熱に包まれた島のようになった東京では、夜も温度が下がらず、昼間のように暑くなっていることです。

さらに大きな原いんとして、街灯やネオン、車のライト、自動はんばい機、深夜も営業しているコンビニエンスストアなどの光によって、夜でも昼間のように明るくなっていることがあります。

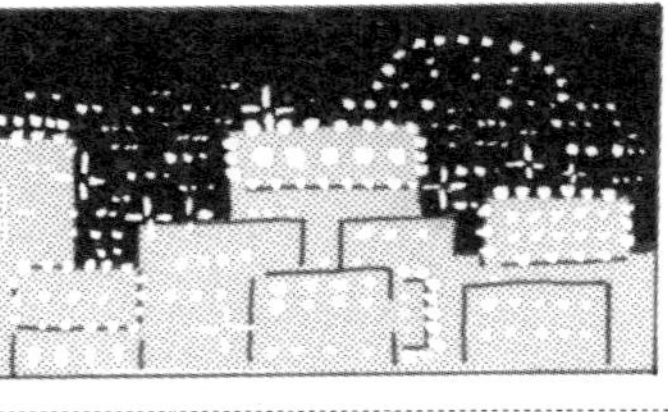

どちらの原いんも、人間の生活が作り出しているものです。それによって、自然が変化しているのです。

5 セミの変化の場合は、鳴き声として耳ではっきりと知ることができるだけに、人間の生活が自然におよぼすえいきょうを、強く思い知らされるのではないでしょうか。

日本は、昔から、四季の美しい国として、季節感をたいせつにしてきました。しかし、街のけしきや食べ物など、生活の中から季節感はどんどん消えつつあります。そして、今、夏の風物詩を代表するセミにも、大きな変化が起きているのです。

（大阪書籍 小学国語4年（上） 佐々木 洋）

夜に鳴くセミ (2)

名前

「夜に鳴くセミ」(1)・(2)を読んで、答えましょう。

(一) 次の小見出しは、それぞれ、どのだん落のものですか。だん落の番号で答えましょう。 (8×5)

- ニイニイゼミが少なくなった原いん …… □
- ミンミンゼミは、なぜふえてきたか …… □
- 夜に鳴くセミによって失われる季節感… □
- 夜に鳴くセミがあらわれた原いんについて □
- 夜に鳴くセミの出現 …………………………… □

(二) 「夜に鳴くセミ」があらわれたことで、人間がこまることは何ですか。二つ書きましょう。 (10×2)

(　　　　　　　　　　　　　　　　)

(　　　　　　　　　　　　　　　　)

(三) ① 夜に鳴くセミがあらわれた原いんについて、短い言葉で表したいと思います。次のうち、どれがよいか、二つ選んで○をしましょう。 (5×2)

[暑さ　　街の景色　　食べ物　　明るさ]

② 生活の中から季節感が消えつつあることには、どんなことがありますか。あなたの身の回りのことから書きましょう。 (10)

(　　　　　　　　　　　　　　　　)

(四) 「夜に鳴くセミ」の文には、東京のセミたちに、二つの大きな変化が起きていることが書かれています。二つの変化とは何ですか。その原いんもふくめて、それぞれ八十字以内でまとめてみましょう。 (10×2)

一つめの変化

二つめの変化

（　　　　　　　　　　　　　　　　　）名前

　（原稿用紙（15マス×15行）141%拡大）

授業の発問事例・視写・音読
テスト・読解練習等に使える

詩

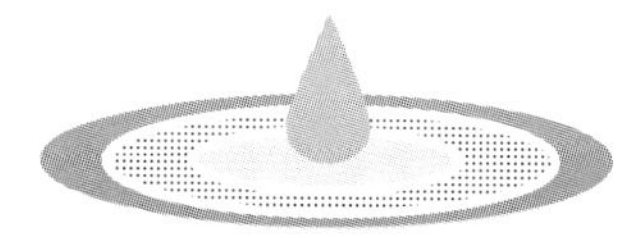

春のうた

名前［　　　　　　　　　　］

春のうた

かえるは冬のあいだは土の中にいて春になると地上にでてきます。そのはじめての日のうた。

ほっ　まぶしいな。
ほっ　うれしいな。

みずは　つるつる。
かぜは　そよそよ。
ケルルン　クック。
ああいいにおいだ。
ケルルン　クック。

ほっ　いぬのふぐりがさいている。
ほっ　おおきなくもがうごいてくる。

ケルルン　クック。
ケルルン　クック。

（光村図書　国語　4年（上）　かがやき　草野(くさの)　心平(しんぺい)）

上の詩を読んで、答えましょう。

（一）上の詩は、いくつの連からできていますか。

（　　　　）

（二）かえるが感じたものは何ですか。

（　　　　）（　　　　）

（三）かえるが見たものは何ですか。

（　　　　）（　　　　）

（四）上の詩は、かえるのどんな気持ちを表していますか。

（　　　　）

（五）この詩を読んで思ったことや、感じたことを書きましょう。

（　　　　）

ぼく

名前［　　　　］

ぼく

たとえば
このクラスのなかの
たった　ひとり
この学校のなかの
たった　たった　ひとり
地球の上の
かずにならないくらいの
ひとり
の　ぼく
だけど
これ　ぜんぶ
ぼくなんだ
ぼくという
宇宙（うちゅう）なんだ

（光村図書　国語　4年(上)　かがやき　木村（きむら）　信子（のぶこ））

上の詩を読んで、答えましょう。

(一)「これ　ぜんぶ」の、「これ」は何を指していますか。三つ書きましょう。

(二) この詩を読んで思ったことや、感じたことを書きましょう。

春

名前［　　　　　　　　　　］

春

山が雪ふるって
せいのびすると
ほッ
春だ。

山ひだの
やわらかなかげをみてごらん。
「おうい」と
よんでみたくなる。

梅（うめ）がさいた。
こぶしがさいた。
　いぬふぐり。
　なのはな。

春がとけて
ほどけて、
ここらあたりのけしきを
やさしい色にぬっていく。

（東京書籍　新編　新しい国語　4年（上）　間所（まどころ）　ひさこ）

上の文章を読んで、答えましょう。

（一）① 一連目で、山を何にたとえていますか。
（　　　　）

② それは、どの部分でわかりますか。
（　　　　）

（二）「春がとけて　ほどけて、」とは、どういう意味ですか。
（　　　　）

（三）「やさしい色にぬっていく。」とは、どんな様子を表していますか。
（　　　　）

（四）この詩を読んで思ったことや、感じたことを書きましょう。
（　　　　）

名前［　　　　　　　　］

ふしぎ

ふしぎ

わたしはふしぎでたまらない、
黒い雲からふる雨が、
銀にひかっていることが。

わたしはふしぎでたまらない、
青いくわの葉たべている、
かいこが白くなることが。

わたしはふしぎでたまらない、
たれもいじらぬ夕顔が、
ひとりでぱらりと開くのが。

わたしはふしぎでたまらない、
たれにきいてもわらってて、
あたりまえだ、ということが。

（東京書籍　新編　新しい国語　4年(上)　金子(かねこ)　みすゞ(ず)）

上の詩を読んで、答えましょう。

(一)　何がふしぎでたまらないのでしょう。

一連（　　　　）

二連（　　　　）

三連（　　　　）

(二)　四連に「たれにきいても」とありますが、何をきいたのでしょう。

（　　　　）

(三)　この詩を読んで思ったことや、感じたことを書きましょう。

（　　　　）

よかったなあ

名前［　　　　］

よかったなあ

よかったなあ　草や木が
ぼくらの　まわりに　いてくれて
目のさめる　みどりの葉っぱ
美しいものの代表　花
かぐわしい実

よかったなあ　草や木が
何おく　何ちょう
もっと数かぎりなく　いてくれて
どの　ひとつひとつも
みんな　めいめいに違(ちが)っていてくれて

よかったなあ　草や木が
どんなところにも　いてくれて
鳥や　けものや　虫や　人
何が訪(たず)ねるのをでも
そこで動かないで　待っていてくれて

ああ　よかったなあ　草や木がいつも
雨に洗(あら)われ
風にみがかれ
太陽にかがやいて　きらきらと

（東京書籍　新編　新しい国語　4年（上）　まど・みちお）

上の詩を読んで、答えましょう。

(一)　一連〜三連まで、同じ言葉が出てきます。三つ書きましょう。

（　　　）（　　　）（　　　）

(二)　草や木の美しい様子が書かれているのは、何連と何連ですか。

（　　　）（　　　）

(三)　一連で、草や木がいてくれて、ぼくらのまわりはどのようになっていますか。

（　　　　　　）

(四)　三連で、草や木が何を待っていてくれて、よかったなあと言っていますか。その部分をぬき書きしましょう。

（　　　　　　）

(五)　この詩を読んで思ったことや、感じたことを書きましょう。

（　　　　　　）

水平線

名前［　　　　］

水平線

水平線がある
一直線にある
ゆれているはずなのに
一直線にある

水平線がある
はっきりとある
空とはちがうぞと
はっきりとある

水平線がある
どこまでもある
ほんとうの強さみたいに
どこまでもある

（東京書籍　新編　新しい国語　4年(下)　小泉周二）

※「水平線」の教材は、学校図書の十七年度版4年生国語教科書にも掲載されています。

上の詩を読んで、答えましょう。

(一)　一連～三連で、それぞれくりかえされている言葉は何ですか。

一連（　　　）
二連（　　　）
三連（　　　）

(二)　なぜくりかえしているのですか。

（　　　）

(三)　この詩を読んで思ったことや、感じたことを書きましょう。

（　　　）

あり

名前【　　　　】

あり

頭に帽子かぶった
十八メートルもあるありさん
そんなありありっこないさ　そんなありありっこないさ

ペンギンとあひるで満員の
車を引っ張るありさん
そんなありありっこないさ

フランス語を話すありさん
ラテン語とジャヴァ語を話すありさん
そんなありありっこないさ　そんなありありっこないさ

ほんと！　でもそんなありさん　なぜいないんだろ？

ジャヴァ語（ジャワ語）

（教育出版　ひろがる言葉　小学国語４年（上）　ロベール＝デスノス　こかいえいじ）

上の詩を読んで、答えましょう。

（一）一連から三連の「そんなあり」は、それぞれどんなありでしょうか。

一連（　　　　）

二連（　　　　）

三連（　　　　）

（二）この詩を読んで思ったことや、感じたことを書きましょう。

（　　　　）

めがさめた

名前［　　　　］

めがさめた

どうしたの？　山
うす緑のようふくが　ふるふる　ゆれてるよ
おおい山よ！　なに　ふるふるしてるの？

だってね　くっくっく
雪どけみずが　ちょろちょろしてさ
りすは　もこもこするしさ
かえるは　ごそごそ　のねずみ　かさこそ
みんな　めがさめて　あちこち　うろちょろ
くっくっくっ　くすぐったくてなあ
ひゃ　もうたまらん！
あーっはっはっはっは
山がわらって　春がきた

（学校図書　みんなと学ぶ小学校国語　4年（上）　工藤直子）

上の詩を読んで、答えましょう。

（一）「うす緑のようふく」とは、何のことですか。

（　　　　）

（二）「くすぐったくてなあ」とありますが、なぜくすぐったいのですか。それぞれのようすを書きましょう。

雪どけみずが（　　　　）

りすは（　　　　）

かえるは（　　　　）

のねずみ（　　　　）

（三）この詩を読んで思ったことや、感じたことを書きましょう。

（　　　　）

名前［　　　　］

ぼくが　ここに

ぼくが　ここに

ぼくが　ここに　いるとき
ほかの　どんなものも
ぼくに　かさなって
ここに　いることは　できない

もしも　ゾウが　ここに　いるならば
そのゾウだけ
マメが　いるならば
その一つぶの　マメだけ
しか　ここに　いることは　できない

ああ　このちきゅうの　うえでは
こんなに　だいじに
まもられているのだ
どんなものが　どんなところに
いるときにも

その「いること」こそが
なににも　まして
すばらしいこと　として

（学校図書　みんなと学ぶ小学校国語　4年（上）　まど・みちお）

上の詩を読んで、答えましょう。

（一）一連と二連に「ここに　いることは　できない」とありますが、ここに　いることが　できるものは何ですか。

一連（　　　　）

二連　ゾウがいるならば（　　　　）
　　　マメがいるならば（　　　　）

（二）三連に「こんなに　だいじに　まもられているのだ」とありますが、何が、どんなときにまもられているのですか。

（　　　　）

（三）四連の「すばらしいこと」とは、何ですか。

（　　　　）

（四）この詩を読んで思ったことや、感じたことを書きましょう。

（　　　　）

草の実

秋草のなかをかけてきたから
ポチのからだにも
ぼくのからだにも
草の実が
いっぱいついた。

庭ではたいたら、
おばあさんが
来年
そこに
草がはえるよ
と、言った。

どんな草のなかをとおってきたのか
なんという名の草か
知らないけれど
ブドウ棚(だな)の下の
バラの木のとなりに
来年は
ぼくとポチが
野っぱらから運んできた
草が生えて
ひょっとしたらかわいい花を
咲(さ)かせるかもしれない。

来年の春が来るまで
わすれないでいよう、
ここんところ、
草の実をおとしたここの
ここんところ。

（大阪書籍　小学国語4年（上）　羽曽部(はそべ)　忠(ただし)）

名前

上の詩を読んで、答えましょう。

(一) 「いっぱいついた。」とありますが、何が、どこについたのでしょう。

(二) ① おばあさんが言ったことを書きましょう。

② なぜ①のように、言ったのでしょう。

(三) 「庭ではたいたら、」とありますが、庭のどこではたいたのですか。

(四) 「わすれないでいよう、」とありますが、何をわすれないでいようと思っているのですか。また、それはなぜですか。

何を

なぜ

(五) この詩を読んで思ったことや、感じたことを書きましょう。

うち　知ってんねん

名前［　　　　　　　　］

うち　知ってんねん

あの子　かなわんねん
かくれてて　おどかしやるし
そうじは　なまけやるし
わるさばっかし　しやんねん
そやけど
よわい子ォには　やさしいねん
うち　知ってんねん

あの子　かなわんねん
うちのくつ　かくしやるし
ノートは　のぞきやるし
わるさばっかし　しやんねん
そやけど
ほかの子ォには　せえへんねん
うち　知ってんねん

そやねん
うちのこと　かまいたいねん
うち　知ってんねん

（大阪書籍　小学国語4年（下）　島田（しまだ）　湯子（ようこ））

うち　わたし
知ってんねん　知ってるよ
せえへんねん　しないよ

上の文章を読んで、答えましょう。

(一)　あの子がする「わるさ」とは、具体的にどんなことですか。四つ書きましょう。

（　　）（　　）（　　）（　　）

(二)　「そやけど」に、にた意味の言葉を左から選び、○で囲みましょう。

そして　・　だけど　・　それから

(三)　「あの子」のことで、わるさをすること以外で、うち（わたし）が知っていることを三つ書きましょう。

（　　）（　　）（　　）

(四)　この詩を読んで思ったことや、感じたことを書きましょう。

（　　）

※本書にかかれている解答はあくまでも一例です。答えは、文意があっていれば、○をして下さい。
「思ったこと」「考えたこと」などは様々なとらえ方があります。児童の思いをよく聞いて○をつけて下さい。

P6

「かむ」ことの力(1)　名前［　］

「よくかんで食べなさい。」と、いつも言われていませんか。かむって、どういうことなのでしょう。また、よくかむと、どんないいことがあるのでしょう。いっしょに考えてみましょう。

食べ物を一口、口の中に入れてみましょう。熱い、冷たい、かたい、やわらかい、大きい、小さいなど、食べ物にはさまざまなちがいがあります。その食べ物を上あごと下あごの歯でかむと、食べ物の様子が脳に伝わります。脳は、ア その知らせを受けて、「この食べ物は、このようにかみなさい。」と、よくかみくだけるように、あごを動かす筋肉に指令を出します。また、だえきを出すようにという指令も出します。そうして、かめばかむほど、食べ物は口の中でだえきとまじり、だんだん小さく、やわらかくなっていきます。イ こうすることで飲みこみやすくなった食べ物は、初めてごっくんと食道に送りこまれるのです。

上の文章を読んで、答えましょう。

(一) 食べ物の様子にはさまざまなちがいがありますが、どんなちがいでしょうか。六つ書きましょう。
（熱い）（冷たい）（かたい）（やわらかい）（大きい）（小さい）

(二) ア その知らせとは、何ですか。
（食べ物の様子）

(三) 食べ物を口の中に入れたとき、脳が出す指令を二つ書きましょう。
（「この食べ物は、このようにかみなさい。」と、よくかみくだけるように、あごを動かす筋肉に出す指令）
（だえきを出すようにという指令）

(四) イ こうすることとは、食べ物がどうなることでしょう。
（（かめばかむほど、）食べ物は口の中でだえきとまじり、だんだん小さく、やわらかくなっていく。）

6

P7

「かむ」ことの力(2)　名前［　］

これらのひとつながりの動作を「そしゃく」といいます。そしゃくは、食べ物に直接ふれる歯、あごの骨、あごの関節、あごを動かす筋肉、口のまわりの筋肉、ほお、した、くちびるなど、ア 多くの部分がたがいにうまく協力しないとできません。これらの部分は、働けば働くほど、きたえられて強くなります。□ かめばかむほど、歯も骨も関節も筋肉も強くなるということです。

上の文章を読んで、答えましょう。

(一) 口に入れた食べ物をよくかんで、だえきとまぜ、飲みこむまでのひとつながりの動作を、何といいますか。
（そしゃく）

(二) ア 多くの部分と同じことを、ちがう言葉で何と言っていますか。六文字で書きましょう。
［これらの部分］

(三) ア 多くの部分とは、どんな部分ですか。八つ書きましょう。
（歯）（あごの骨）（あごの関節）（あごを動かす筋肉）（口のまわりの筋肉）（ほお）（した）（くちびる）

(四) □の中に入る言葉を左から選び、○で囲みましょう。
しかし・（つまり）・けれど

7

P8

「かむ」ことの力(3)　名前［　］

また、かめばかむほど、だえきもたくさん出てきます。だえきがたくさん出ることは、消化を助けるだけでなく、歯の健康にとっても大事です。ふつう、だえきは一日におおよそ一リットルほど出ます。大量のだえきは、歯の表面のよごれやばい菌などをあらい流して、虫歯になるのをふせぐ働きをします。また、だえきには歯と同じ成分がふくまれていて、歯の表面にできた初期の虫歯に対しては、元の健康な歯にもどるのを助けてくれます。

上の文章を読んで、答えましょう。

(一) どのようにすれば、だえきがたくさん出るのでしょう。
（（食物を）かめばかむほど、たくさん出る。）

(二) だえきは一日におおよそ何リットル出ますか。
（一リットルほど出る。）

(三) 歯の健康にとって大事な、だえきの役わりを、二つ書きましょう。
（歯の表面のよごれやばい菌などをあらい流して、虫歯になるのをふせぐ。）
（歯の表面にできた初期の虫歯に対しては、元の健康な歯にもどるのを助ける。）

8

P9

「かむ」ことの力(4)　名前［　］

かめばかむほどいいことは、ほかにもあります。

まず、食べ物をだえきといっしょに数十回もよくかむと、脳から「もうおなかがいっぱいだよ。」という知らせが出されます。脳はかむことを通して、胃や腸がちょうどいい具合に働くように、食べ物の量を調整しているのです。よくかまないで飲みこむと、いつまでも知らせが出ず、食べすぎてしまったり、胃や腸がつかれて、栄養が取り入れられなくなったりします。

上の文章を読んで、答えましょう。

(一) 食べ物をだえきといっしょに数十回もよくかむと、脳からどんな知らせが出されますか。
（「もうおなかがいっぱいだよ。」という知らせ）

(二) (一)の知らせを出して、脳は何を調整しているのですか。
（（胃や腸がちょうどいい具合に働く）食べ物の量）

(三) 食べ物をよくかまないで飲みこむと、どんなことがおこりますか。二つ書きましょう。
（食べすぎてしまう。）
（胃や腸がつかれて、栄養が取り入れられなくなる。）

(四) 上の文章に出てくる、かむことと関係がある体の器官を三つ書きましょう。
（脳）（胃）（腸）

9

P10

「かむ」ことの力(5)　名前［　］

次に、歯や歯のまわりの骨・筋肉が強くなると、歯を食いしばる力が強くなります。実は、歯を食いしばる力と、体全体の力は関係していることが分かっています。つな引きで力いっぱいにつなを引いているときや、ドッジボールで球を投げたり受け止めたりするとき、わたしたちは思い切り歯を食いしばっています。ア このとき、ものすごい力が歯にかかっています。虫歯があっては強い力は出せません。また、歯の強さが左右でちがっていると、体全体の力も左右のバランスがとれなくなることがあります。ですから、歯の全体を使ってよくかむことは、体全体の成長や活動にとっても大切です。

上の文章を読んで、答えましょう。

(一) 歯や歯のまわりの骨・筋肉が強くなると、どんな力が強くなりますか。
（歯を食いしばる力）

(二) 思い切り歯を食いしばると、どんな力が歯にかかりますか。
（ものすごい力）

(三) ア このは、何を指していますか。
（思い切り歯を食いしばったとき）

(四) 虫歯があると、どうなりますか。
（強い力が出せない。）

(五) 歯の強さが左右でちがっていると、どうなりますか。
（体全体の力も左右のバランスがとれなくなる。）

10

P11

「かむ」ことの力(6)　名前［　］

さらに、かむことは脳の働きと結び付いているので、よくかむことで、脳の働きが活発になります。朝ごはんをよくかんで食べると、ア それによって脳の働きが活発になり、ねむ気がさめて心が安定し、学習能力も高まるということが分かっています。

□ かむことは、わたしたちの体全体にかかわる大切な働きであることが分かりました。人間の体は、どこをとっても、たがいにつながり合っています。それぞれの部分の働きが、他の部分の活動や発達に深くかかわっているのです。

上の文章を読んで、答えましょう。

(一) かむことは、何の働きと結び付いていますか。
（脳の働き）

(二) 朝ごはんをよくかんで食べることの大切さを、（　）に言葉を入れてまとめましょう。
脳の働きが活発になり、（ねむ気）がさめて（心）が安定し、（学習能力）も高まる。

(三) ア それは、何を指しますか。
（朝ごはんをよくかんで食べること。）

(四) □の中に入る言葉を左から選び、○で囲みましょう。
けれども・さらに・（このように）

(五) 上の文章を読んで、人間の体のしくみについてまとめている文章をぬき書きしましょう。
（人間の体は、どこをとっても、たがいにつながり合っています。それぞれの部分の働きが、他の部分の活動や発達に深くかかわっているのです。）

11

P12

手と心で読む(1)　名前［　］

みなさんの中で、駅の自動券売機の表面に、小さな点のうき出たところがあるのに気づいた人はいませんか。よく注意してみると、ゆうびん局や、市役所などの中でも見つかるかもしれません。ア それは、点字といって、わたしたち目の不自由な者が、指でさぐって読む文字なのです。

点字について、わたしには、こんな思い出があります。

十九さいのとき、わたしは、急に目を悪くして入院しました。イ もう回復は望めないと分かってからも、しばらくの間、わたしは点字を覚える気になれませんでした。また、新聞の大きな見出しぐらいは読んでいましたし、太い鉛筆で文字を書く練習もしていました。それまで親しんでいた文字とはなれることは、まるで心のふるさとを失うように思えたのです。

上の文章を読んで、答えましょう。

(一) ア それは、何を指していますか。
（小さな点のうき出たところ）

(二) 点字とは、どんな文字ですか。
（目の不自由な者が、指でさぐって読む文字）

(三) イ もう回復は望めないとは、具体的にどういうことですか。
（もう前のように目がよくなることはない。）

(四) 私が点字を覚える気になれなかったのは、どうしてでしょう。
（それまで親しんでいた文字とはなれることは、まるで心のふるさとを失うように思えたから。）

12

P13

手と心で読む(2)　名前［　］

そんなわたしに、点字を覚えるように働きかけたのは母でした。母は、いつの間にか点字を習いに通っていたようです。一九四四年の冬のある日、病室にやって来た母は、少しあつめの紙をわたしに手わたして、言いました。

㋐「いっしょに勉強してみようよ。」

母が自分の手で打ってきた北原白秋の詩を、わたしはわすれることができません。

からまつの林を過ぎて、
からまつをしみじみと見き。

点字を指先で読み取るのは、初めのうちはなかなかむずかしいことです。かじかむ指をあたためあたため、わたしは、何日もかかって、ようやく一編の詩を読んだのでした。

上の文章を読んで、答えましょう。

(一) 点字をさいしょに習ったのは、だれですか。
（母（お母さん））

(二) ㋐は、だれが、だれに言った言葉ですか。
（母）が（わたし）に言った言葉

(三) 少しあつめの紙には、何が書かれていましたか。
（母が自分の手で打ってきた（点字で書かれた）北原白秋の詩）

(四) 「かじかむ指」の説明で、正しいものに○をつけましょう。
（○）冷たくて、思うように動かない指
（　）むずむずかゆい指
（　）不器用で、思うように動かない指

13

P14

手と心で読む(3)　名前［　］

勉強し始めてみると、自分で自由に使える文字をもつことが、どんなに楽しく、どんなに大切であるかが分かってきました。読む速さも、練習とともにどんどんましていきました。そのうちには、点字の図書館から次々に本を借りて読みました。そのうちには、読みたい本がまだ点字になっていないのが、もどかしく感じられるほどになったのでした。

上の文章を読んで、答えましょう。

(一) 自分で自由に使える文字とは、何のことですか。
（点字）

(二) 練習とともに、何がどんどんましていきましたか。
（点字を読む速さ）

(三) (二)のようになって、この人(筆者)は、どんなことをしたでしょう。
（点字の図書館から次々に本を借りて読んだ。）

(四) 「もどかしい」の使い方で、正しいものに○をつけましょう。
（　）ゆみさんは、もどかしい気持ちで働いている。
（○）小さい子のしていることを見ていると、もどかしい。
（　）お母さんは、もどかしい手つきで料理をする。

14

※本書にかかれている解答はあくまでも一例です。答えは、文意があっていれば、〇をして下さい。
「思ったこと」「考えたこと」などは様々なとらえ方があります。児童の思いをよく聞いて〇をつけて下さい。

P15

手と心で読む(4)

名前［　　　］

今、世界で使われている点字は、一八二五年、フランスのルイ＝ブライユという人が考え出したものです。日本では、ア それを五十音に組みかえて使っています。イ この点字は、たて三点、横二列の六点で一文字が作られています。これらの点を、あるものは打ち出し、あるものは空白にしておく組み合わせて、五十音と、そのほか十数種類の記号ができるのです。さらに、記号と文字とを組み合わせて、数字やローマ字、音符などを表すこともできます。盲学校の子どもたちは、これらを使って作られた教科書で学習しています。

ルイ＝ブライユ

上の文章を読んで、答えましょう。

(一) 今、世界で使われている点字は、どこの国のだれが考え出したものですか。
（フランス）の（ルイ＝ブライユ）

(二) ア それは、何を指していますか。
（今、世界で使われている（ブライユが考え出した）点字）

(三) ① イ この点字は、何を指していますか。
（日本の点字）

② イ この点字は、どのようにして文字を作っていますか。（　）の中に言葉を入れましょう。
たて（三点）、横（二列）の（六点）で一文字が作られています。
これらの点を、あるものは（打ち出し）、あるものは（空白）にしておきます。

(四) 点字は、五十音の文字、記号以外に、それを組み合わせてどんなものを表すことができますか。
（数字）（ローマ字）（音符）

15

P16

手と心で読む(5)

名前［　　　］

知識や考え、思いを伝え合うことができるのは、文字のもつ大きなめぐみです。目の不自由な人の中にその文字、点字をもちこんだのは、ルイ＝ブライユでした。最近では、わたしたちにもふつうの文字が打てる盲人用ワープロとか、本を読んでくれる機械などが作られています。これからも、人間のちえは、人々の心を結ぶ便利な道具や方法を考え出し、ア 多くの人によろこびをもたらしていくでしょう。

上の文章を読んで、答えましょう。

(一) 文字のもつ大きなめぐみとは、何ですか。
（知識や考え、思いを伝え合うことができること）

(二) ルイ＝ブライユは、何をした人ですか。
（点字を作った人（目の不自由な人の中に点字をもちこんだ人））

(三) 最近作られた、目の不自由な人にとって便利な道具には、どんなものがありますか。二つ書きましょう。
（ふつうの文字が打てる盲人用ワープロ）
（本を読んでくれる機械）

(四) ア 何が多くの人によろこびをもたらしていくと、筆者は考えていますか。
（（人々の心を結ぶ便利な道具や方法を考え出す）人間のちえ）

16

P17

アップとルーズで伝える(1)

名前［　　　］

テレビでサッカーの試合を放送しています。今はハーフタイム。もうすぐ後半が始まろうとするところで、画面には会場全体がうつし出されています。両チームの選手たちは、コート全体に広がって、たがいにボールを回し、体を動かしています。観客席はほぼ満員といっていいでしょう。スクリーンには黄色一色のおうえん席がうつっています。おうえんするチームのチームカラーの洋服などを身に着けた人たちです。会場全体が静かに、こうふんをおさえて、開始を待ち受けている感じが伝わります。

上の文章を読んで、答えましょう。

(一) テレビの画面は、何をうつし出していますか。
（会場全体）

(二) 今、試合の何の時間を放送していますか。
（ハーフタイム（もうすぐ後半））

(三) コートでは、何をしていますか。
（両チームの選手たちが、コート全体に広がって、たがいにボールを回し、体を動かしている。）

(四) 観客席の様子を書きましょう。
（ほぼ満員）で（黄色一色）のおうえん席

(五) なぜ、おうえん席の色が一色なのでしょうか。
（おうえんするチームのチームカラーの洋服などを身に着けているから）

17

P18

アップとルーズで伝える(2)

名前［　　　］

いよいよ後半が始まります。画面は、コートの中央に立つ選手を大きくうつし出しました。ホイッスルと同時にボールをける選手です。目はボールの方を見、少しきんちょうした顔つきです。

初めの画面のように、広いはんいをうつすとり方を「ルーズ」といいます。次の画面のように、ある部分を大きくうつすとり方を「アップ」といいます。アップとルーズでは、どんなちがいがあるのでしょう。

上の文章を読んで、答えましょう。

(一) いよいよ後半が始まる時、テレビの画面はどんな人をうつし出していますか。
（コートの中央に立つ選手）

(二) (一)の人をくわしく説明しましょう。
（ホイッスルと同時にボールをける）選手です。
目は（ボールの方）を見、（少しきんちょうした）顔つきです。

(三) テレビカメラのとり方で、次の言葉を説明しましょう。
①ルーズ（広いはんいをうつすとり方）
②アップ（ある部分を大きくうつすとり方）

18

P19

アップとルーズで伝える(3)

名前［　　　］

アップでとったゴール直後のシーンを見てみましょう。ゴールを決めた選手が両手を広げて走っています。ユニホームは風をはらみ、口を大きく開けて、全身で喜びを表しながら走る選手の様子がよく伝わります。アップでとると、細かい部分の様子がよく分かります。□、このとき、ゴールを決められたチームの選手は、どんな様子でいるのでしょう。それぞれのおうえん席の様子はどうなのでしょう。走っている選手以外の、うつされていない多くの部分のことは、アップでは分かりません。

上の文章を読んで、答えましょう。

(一) アップでとったゴール直後のシーンを書きましょう。
（ゴールを決めた選手が両手を広げて走っています。ユニホームは風をはらみ、口を大きく開けて、全身で喜びを表しながら走っています。）

(二) □の中に入る言葉を左から選び、〇で囲みましょう。
また・その上・（しかし）

(三) アップでとったとき、よく分かることと、分からないことをまとめてみましょう。
・よく分かること
（ゴールを決めた選手の細かい部分の様子）
・分からないこと
（走っている選手以外の、うつされていない多くの部分
※ゴールを決められたチームの選手の様子やそれぞれのおうえん席の様子）

19

P20

アップとルーズで伝える(4)

名前［　　　］

試合終了直後のシーンを見てみましょう。大きくふられる大小の旗やたれまく、立ち上がっている観客と、それに向かって手をあげる選手たち。選手とおうえんした人たちとが一体となって勝利を喜び合っています。ルーズでとると、広いはんいの様子がよく分かります。でも、各選手の顔つきや視線、それらから感じられる気持ちまでは、なかなか分かりません。

このように、アップとルーズには、それぞれ伝えられることと伝えられないことがあります。それで、ア テレビでは、ふつう、何台ものカメラを用意していろいろなうつし方をし、目的におうじてアップとルーズを切りかえながら放送をしています。

上の文章を読んで、答えましょう。

(一) 試合終了直後のシーンは、アップとルーズのどちらでとっていますか。
（ルーズ）

(二) (一)の方法で、どこをとっていますか。
（勝ったチームのおうえん席）

(三) (二)の映像から、選手やおうえんした人たちの、どんな様子がわかりますか。
（選手とおうえんした人たちとが一体となって勝利を喜び合っている様子）

(四) このシーンをルーズでとるときの良い所・悪い所を書きましょう。
・良い所（広いはんいの様子がよく分かる。）
・悪い所（各選手の顔つきや視線、気持ちまでは分からない。）

(五) ア テレビでは、ふつう、何台ものカメラを用意してとりますが、なぜ何台ものカメラが必要なのですか。
（（アップやルーズなどそれぞれ伝えられることと伝えられないことがあるから、）いろいろなうつし方をするため。）

20

P21

アップとルーズで伝える(5)

名前［　　　］

写真にも、アップでとったものとルーズでとったものがあります。新聞を見ると、ア どちらかの写真が使われていることが分かります。紙面の広さによっては、それらを組み合わせることもあります。取材のときには、いろいろな角度やきょりから、多くの写真をとっています。そして、イ その中から目的にいちばん合うものを選んで使うようにしています。

テレビでも新聞でも、受け手が知りたいことは何か、送り手が伝えたいことは何かを考えて、アップでとるかルーズでとるかを決めたり、とったものを選んだりしているのです。

上の文章を読んで、答えましょう。

(一) ア どちらかの写真とは、どんな写真のことでしょうか。
（アップでとった写真）か
（ルーズでとった写真）

(二) イ その中は、何を指していますか。
（（いろいろな角度やきょりからとった）多くの写真）

(三) 新聞の取材のときには、多くの写真をとりますが、なぜですか。
（その中から目的にいちばん合うものを選んで使うようにしているから。）

(四) テレビでも新聞でも、アップでとるか、ルーズでとるかを決めるとき、何を考えますか。二つ書きましょう。
（受け手が知りたいことは何か。）
（送り手が伝えたいことは何か。）

21

P22

ヤドカリとイソギンチャク(1)

名前［　　　］

ヤドカリのなかまで、さんご礁に多いソメンヤドカリは、貝がらにイソギンチャクを付けて歩き回っています。観察してみると、ソメンヤドカリは、たいてい二つから四つのベニヒモイソギンチャクを、貝がらの上に付けています。中には九つものイソギンチャクを付けていたヤドカリの例も記録されています。

ア このようなヤドカリのすがたは、いかにも重そうに見えます。それなのになぜ、ヤドカリは、いくつものイソギンチャクを貝がらに付けているのでしょうか。

イ このことを調べるために、次のような実験をしました。

上の文章を読んで、答えましょう。

(一) ① ソメンヤドカリは、何のなかまでしょう。
（ヤドカリのなかま）

② ソメンヤドカリは、どこに多くいますか。
（さんご礁）

(二) ソメンヤドカリが貝がらに付けているのは、何ですか。
（ベニヒモイソギンチャク）

(三) ア このようなとは、どのようなヤドカリのすがたなのでしょうか。
（ベニヒモイソギンチャクを貝がらの上に付けたヤドカリ）

(四) イ このこととは、何のことでしょうか。
（なぜヤドカリは、いくつものイソギンチャクを貝がらに付けているのか。）

22

P23

ヤドカリとイソギンチャク(2)

名前［　　　］

おなかをすかせたタコのいる水そうに、イソギンチャクを付けていないヤドカリを放します。タコはヤドカリが大好物なので、長いあしですぐヤドカリをつかまえ、貝がらをかみくだいて食べてしまいます。

次に、イソギンチャクを付けているヤドカリを入れてみます。タコは、ヤドカリをとらえようとしてしきりにあしをのばしますが、イソギンチャクにふれそうになると、あわててあしを引っこめてしまいます。ヤドカリが近づくと、タコは後ずさりしたり、水そうの中をにげ回ったりします。

上の文章を読んで、答えましょう。

(一) イソギンチャクを付けていないヤドカリを、タコはどのようにして食べましたか。（　）の中に言葉を書きましょう。
（長いあし）で（ヤドカリ）をつかまえ、（貝がら）を（かみくだいて）食べます。

(二) イソギンチャクを付けているヤドカリを、タコの水そうに入れたときの様子について答えましょう。
① タコは、どうしましたか。
（ヤドカリをとらえようとしてしきりにあしをのばすが、イソギンチャクにふれそうになると、あわててあしを引っこめる。）

② タコは、ヤドカリを食べることができましたか。
（できない）

③ 水そうの中をにげ回ったのは、何ですか。〇を付けましょう。
（タコ）・イソギンチャク・ヤドカリ

23

※本書にかかれている解答はあくまでも一例です。答えは、文意があっていれば、○をして下さい。
「思ったこと」「考えたこと」などは様々なとらえ方があります。児童の思いをよく聞いて○をつけて下さい。

P24

ヤドカリと
イソギンチャク(3)

名前［　　　］

イソギンチャクのしょく手は、何かがふれるとはりがとび出す仕組みになっています。ア そのはりで、魚やエビをしびれさせて、えさにするのです。タコや魚はこのことをよく知っていて、イソギンチャクに近づこうとはしません。それで、ヤドカリは、イソギンチャクを自分の貝がらに付けることで、敵から身を守ることができるのです。

では、ヤドカリは、石に付いたイソギンチャクを、どうやって自分の貝がらにうつすのでしょうか。ヤドカリが、イソギンチャクのはりでさされることはないのでしょうか。

ヤドカリとイソギンチャクの関係を研究しているカナダのロス博士は、ヤドカリとイソギンチャクがどのようにしていっしょになるのか、水そうで観察しました。

上の文章を読んで、答えましょう。

(一) イソギンチャクのしょく手は、どんな仕組みになっていますか。
（何かがふれるとはりがとび出す。）

(二) ア そのは、何を指していますか。
（イソギンチャクのしょく手）

(三) ヤドカリはなぜ、イソギンチャクを貝がらに付けているのですか。
（敵から身を守るため）

(四) 上の文に書かれている、ヤドカリについてのぎ問を、二つ書きましょう。
（ヤドカリは、石に付いたイソギンチャクを、どうやって自分の貝がらにうつすのか。）
（ヤドカリが、イソギンチャクのはりでさされることはないのか。）

(五) ロス博士は、何の研究をしていましたか。
（ヤドカリとイソギンチャクの関係）

24

P25

ヤドカリと
イソギンチャク(4)

名前［　　　］

ソメンヤドカリを飼っている水そうに、石などに付いたベニヒモイソギンチャクを入れます。ヤドカリは、自分の貝がらにイソギンチャクを付けていても、イソギンチャクを見れば、いくつでもほしくなるようです。ア すぐ近づいてきて、あしを使ってイソギンチャクの体をつついたり、両方のはさみで引っぱったりして、イソギンチャクをはがしてしまいます。そして、かかえるようにして自分の貝がらの上におし付けるのです。ずいぶんイ 手あらな方法に見えますが、イソギンチャクはしょく手をのばしたままで、いかにも気持ちよさそうに見えます。はりもとび出しません。

上の文章を読んで、答えましょう。

(一) ア すぐ近づいてきてとありますが、何が何に近づいてくるのでしょうか。
（ヤドカリ）が（イソギンチャク）に近づいてくる。

(二) ヤドカリは、どのようにしてイソギンチャクを石からはがしますか。
（あしを使ってイソギンチャクの体をつついたり、両方のはさみで引っぱる。）

(三) イ 手あらな方法の意味で、正しいものに○を付けましょう。
（　）手をあらうような方法
（○）らんぼうな方法
（　）手がこんでいて大変な方法

(四) ヤドカリにはがされたり、かかえられたりしたときのイソギンチャクの様子を書きましょう。
（しょく手をのばしたままで、いかにも気持ちよさそうに見える。はりもとび出さない。）

25

P26

ヤドカリと
イソギンチャク(5)

名前［　　　］

［①］、イソギンチャクは、ヤドカリの貝がらに付くことで、何か利益があるのでしょうか。

ヤドカリに付いていないベニヒモイソギンチャクは、ほとんど動きません。［②］、えさになる魚やエビが近くにやってくるのを待つしかありません。［③］、ヤドカリに付いていれば、いろいろな場所に移動することができるので、その結果、えさをとる機会がふえます。［④］、ヤドカリに付いていると、ヤドカリの食べ残しをもらうこともできるのです。

さんご礁の美しい海では、いくつものベニヒモイソギンチャクを貝がらに付けた、ソメンヤドカリを見ることができます。ヤドカリとイソギンチャクは、このように、たがいに助け合って生きているのです。

上の文章を読んで、答えましょう。

(一) ヤドカリに付いていないベニヒモイソギンチャクは、えさをどうしてとりますか。
（(えさになる)魚やエビが近くにやってくるのを待つしかない。）

(二) ヤドカリに付いているベニヒモイソギンチャクは、どうしてえさをたくさんとれるのでしょう。二つ書きましょう。
（いろいろな場所に移動することができるので、えさをとる機会がふえるから。）
（ヤドカリの食べ残しをもらうことができるから。）

(三) ①～④の［　］に当てはまる言葉をそれぞれ［　］から選び、（　）に書きましょう。
［また　ですから　しかし　では］
①（では）②（ですから）
③（しかし）④（また）

(四) ヤドカリとイソギンチャクの関係を、上の文から十四文字でぬき書きしましょう。
［た｜が｜い｜に｜助｜け｜合｜っ｜て｜生｜き｜て｜い｜る］

26

P27

花を見つける
手がかり(1)

名前［　　　］

もんしろちょうは、日本じゅうどこにでもいる、ありふれたちょうです。みなさんも知っているように、もんしろちょうは、花に止まって、そのみつをすいます。

いったい、もんしろちょうは、何を手がかりにして、花を見つけるのでしょう。花の色でしょうか。形でしょうか。それとも、においでしょうか。もんしろちょうにきいてみればわかるのですが、そんなわけにはいきません。

日高敏隆先生と東京農工大学の人たちは、ア この疑問をとくために、大がかりな実験をしました。

実験には、たくさんのもんしろちょうが必要です。一度に百ぴき、二百ぴきというもんしろちょうを放し、花を見つける様子をえい画のカメラで記録して、くわしく観察するためです。キャベツをえさに青虫を育て、実験に使うもんしろちょうを用意しました。

上の文章を読んで、答えましょう。

(一) もんしろちょうは、何のために花に止まるのでしょうか。正しいものに○をつけましょう。
（　）羽を休めるため
（　）花のにおいが良いから
（○）花のみつをすうため

(二) ア この疑問とは、どんな疑問ですか。本文から、文を一つぬき書きしましょう。
（いったい、もんしろちょうは、何を手がかりにして、花を見つけるのでしょう。）

(三)
① 実験をするために、何が必要でしたか。
（たくさんのもんしろちょう）
② そのために、何をしましたか。
（キャベツをえさに青虫を育て、もんしろちょうを用意した。）

27

P28

花を見つける
手がかり(2)

名前［　　　］

実験は、まず、花だんの花を使って始めました。花だんには、赤・黄・むらさき・青と、四種類の色の花がさいています。少しはなれた所で、生まれてから花を見たことのないもんしろちょうを、いっせいに放しました。

もんしろちょうは、いっせいに、花だんに向かってとんでいきます。もんしろちょうは、生まれながらに、花を見つける力を身につけているようです。

花だんは、たちまち、ちょうでいっぱいになってしまいました。

注意して見ると、ちょうのよく集まる花と、ア そうでない花とがあります。赤い花には、あまり来ていないようです。もんしろちょうは、イ 色で花を見分けているのでしょうか。

でも、ウ そう決めてしまうのは、ちょっと早すぎます。たまたま、花だんに植えた赤い花が、おいしそうなにおいを出していないのかもしれないからです。色か、においか。——そこのところをたしかめるには、別の実験をしなければなりません。

赤　黄　むらさき　青

上の文章を読んで、答えましょう。

(一) 花だんには、どんな色の花がさいていましたか。四つ書きましょう。
（赤）（黄）
（むらさき）（青）

(二) 花だんから少しはなれた所から放したのは、どんなもんしろちょうですか。
（生まれてから花を見たことのないもんしろちょう）

(三) ア そうでない花とは、どんな花のことですか。
（ちょうのあまり集まらない花）

(四) イ そうは、何を指していますか。
（もんしろちょうは、色で花を見分けている。）

(五) ウ 早すぎます。とありますが、どうして早すぎるのですか。
（たまたま、花だんに植えた赤い花が、おいしそうなにおいを出していないのかもしれないから。）

28

P29

花を見つける
手がかり(3)

名前［　　　］

そこで、今度は、においのしない花——プラスチックの造花を使うことにしました。色は、花だんのときと同じ赤・黄・むらさき・青の四種類です。

もんしろちょうを放すと、やはり、まっすぐに造花に向かってとんでいきました。止まって、みつをすおうとするものもいます。プラスチックの造花には、みつもないし、においもありません。ですから、もんしろちょうは、においではなく、花の色か形にひかれていると考えられるでしょう。そして、造花の場合も、赤い花には、あまりやってきませんでした。

赤　黄　むらさき　青

上の文章を読んで、答えましょう。

(一) なぜプラスチックの造花を使ったのですか。
（もんしろちょうは、花のにおいにひかれているのか、色や形にひかれているのかを調べるため、においのしないプラスチックの造花を使った。）

(二) 造花の色は、どんな色にしましたか。四つ書きましょう。
（赤）（黄）
（むらさき）（青）

(三) 放したもんしろちょうは、どんな行動をとりましたか。二つ書きましょう。
（まっすぐに造花に向かってとんでいった。）
（造花に止まって、みつをすおうとするものもいる。）

(四) もんしろちょうは、何にひかれてとんでいったと考えられるでしょう。
（(においではなく、)花の色や形）

29

P30

花を見つける
手がかり(4)

名前［　　　］

次の実験では、花の代わりに、四角い色紙を使ってみました。色紙にも集まってくれれば、花の形が問題なのではなく、色だけが、もんしろちょうをひきつけているということになるでしょう。用意した色は、前と同じ四種類です。もんしろちょうは、色紙を花だと思ってくれるでしょうか。

いよいよ、二百ぴきほどのもんしろちょうを放してみました。ただの紙なのに、やはり、ちょうは集まってきます。むらさきの色紙に止まったものもいます。黄色の色紙に止まったものもいます。止まったちょうは、長い口をのばして、みつをすおうとしています。もんしろちょうは、色紙を花だと思っているようです。

集まり方を色別に調べてみました。いちばん集まったのがむらさき、二番めが黄色、青に来たものは少なく、赤には、ほとんど来ませんでした。念のため、赤い色紙にみつをつけたものを用意してみましたが、これにもちょうは来ませんでした。

むらさき　青　赤　黄

上の文章を読んで、答えましょう。

(一) 実験で使った四角い色紙は、何の代わりですか。
（花）

(二) 色紙にもんしろちょうが集まれば、どんなことがわかるのでしょうか。
（花の形が問題なのではなく、色だけが、もんしろちょうをひきつけているということ。）

(三) もんしろちょうが、色紙を花だと思っていることがわかる一文をぬき書きしましょう。
（止まったちょうは、長い口をのばして、みつをすおうとしています。）

(四) もんしろちょうが多く集まった順に、色紙の色を書きましょう。
①（むらさき）②（黄色）
③（青）④（赤）

30

P31

花を見つける
手がかり(5)

名前［　　　］

このような実験から、もんしろちょうは、色によって花を見つけること、赤い花は見えないらしいことがわかりました。

ア「そんなことをいったって、赤い花にもんしろちょうが来ているのを見たことがあるよ。」と言う人が、いるかもしれません。イ そういう人は、ちょっと思い出してください。赤い花のまん中に、黄色のおしべ・めしべがありませんでしたか。もんしろちょうは、その黄色を目あてに、やってきたのでしょう。

こん虫は、何も語ってくれません。しかし、考え方のすじ道を立てて、実験と観察を重ねていけば、ウ その生活の仕組みをエ さぐることができます。

もんしろちょうのよく集まる花
なのはな　だいこん　ダリア

上の文章を読んで、答えましょう。

(一) ア そんなこととは、どんなことでしょうか。
（もんしろちょうは、赤い花は見えないらしいこと。）

(二) イ そういう人とは、どんな人ですか。
（「そんなことをいったって、赤い花にもんしろちょうが来ているのを見たことがあるよ。」と言う人）

(三) 赤い花にもんしろちょうがやってくるのは、なぜでしょう。
（赤い花のまん中にある、黄色のおしべ・めしべを目あてにやってくる。）

(四) ウ そのは、何を指していますか。
（こん虫）

(五) 上の文のエ さぐると同じ使い方をしているものに○をつけましょう。
（　）ポケットをさぐって、コインを出す。
（○）てきの様子をさぐる。
（　）草むらをさぐる。

31

P32

リサイクルより
たいせつなもの(1)

名前［　　　］

最近、リサイクルって言葉を、よく聞くよね。日本をはじめ、世界の多くの国では、ごみがふえすぎたんだ。リサイクルとは、すてたごみをもう一度使えるようにすることなんだ。もしも、このままごみがふえつづけると、日本はごみの山になってしまうよ。物は、すてればごみだけど、リサイクルすれば、しげんになるんだ。では、げんざいリサイクルされている物や、リサイクルできる物を見てみようか。

クイズ1
牛にゅうパックを何まいリサイクルすると、1ロールのトイレットペーパーになるのかな？10ロールでは60まい必要だよ。ということは？
①6まい　②60まい　③100まい

牛にゅうパックは、トイレットペーパーなどに変身するが、ペットボトルは何に変わることができるのだろうか？　ジュースの空きかんやびんはどうだろうか？

右の絵のように、それぞれの工場で新しい品物に生まれ変わるんだ。このように、すてればごみになり、リサイクルすれば新しいしげんとなる物はたくさんある。

ただ、リサイクルには欠点もある。リサイクルは物をいったんつぶして、そこからふたたび物を作るのだから、お金がかかるんだね。それから、エネルギーも使うんだよ。もっといい方法はないかな？

あります！

それは、再利用（リユース）だよ。次は、再利用について考えてみようか。

上の文章を読んで、答えましょう。

(一) リサイクルとは、どのような意味でしょうか。
（すてたごみをもう一度使えるようにすること。）

(二) 上の文に合うように、（　）の中に言葉を書きましょう。
・物は、すてれば（ごみ）、リサイクルすれば（しげん）になる。
・牛乳パックは（トイレットペーパー）などに変身する。

(三) リサイクルの欠点を二つ書きましょう。
（お金がかかる。）
（エネルギーを使う。）

(四) リサイクルよりいい方法は、何ですか。
（再利用（リユース））

32

※本書にかかれている解答はあくまでも一例です。答えは、文意があっていれば、○をして下さい。
「思ったこと」「考えたこと」などは様々なとらえ方があります。児童の思いをよく聞いて○をつけて下さい。

P33

リサイクルより
たいせつなもの (2)　名前［　　　　］

再利用っていうのは、物をつぶさないで利用することなんだ。ドイツでは、飲んだあとのペットボトルを何回もあらって使うんだ。

クイズ2
ドイツではペットボトルを何回くらい使うのかな？
2けたの数字だよ。
①やく5回　②やく30回　③やく100回

1回ですてられてしまう日本のペットボトルは、かわいそうだし、ポイすてなんかは、もっとひどいね。
日本でも、牛にゅうびんやビールびんなどが再利用されているんだ。ほかに再利用されている物には、どんなものがあるかな？

最近、フリーマーケットなんかで、いらなくなった洋服や、おもちゃなどの品物を売り買いして、物を再利用するようになったんだ。日本でもあちらこちらで、さかんにフリーマーケットが開かれているよ。みなさんも参加してみない？　楽しいよ！

クイズ3
日本で再利用されている品物は、どれかな？
リサイクルではなくて再利用だよ。
①自動車　②めがね　③電池

上の文章を読んで、答えましょう。

(一) ① 再利用とは、どのような意味でしょう。
（物をつぶさないで利用すること）
② ドイツでは具体的にどんなことをしていますか。
（飲んだあとのペットボトルを何回もあらって使う。）

(二) 日本で以前から再利用されている物を、二つ書きましょう。
（牛にゅうびん）（ビールびん）

(三) フリーマーケットでは、どんなことをしていますか。
（いらなくなった洋服や、おもちゃなどの品物を売り買いして、物を再利用している。）

(四) ① クイズ2の答えは？（②）
② クイズ3の答えは？（①）

33

P34

リサイクルより
たいせつなもの (3)　名前［　　　　］

昔は、古道具屋、古着屋、空きびん屋なんかをたくさんの人が利用してたんだ。うんちやおしっこやはいも集められ、肥料として利用されてたんだよ。

たいせつなのは、まず物を再利用すること。再利用できなくなってから、リサイクルすることが重要なんだよね。

昔のことを知っているおじいさん、おばあさんと話してみよう。「お下がりって何のことですか？」と聞いてごらん。それをきっかけに、物の再利用について、いろいろなことを教えてもらえると思うよ。

上の文章を読んで、答えましょう。

(一) 昔よく利用された、再利用のための店を三つ書きましょう。
（古道具屋）（古着屋）（空きびん屋）

(二) 昔、肥料として再利用されていたものを三つ書きましょう。
（うんち）（おしっこ）（はい）

(三) 再利用とリサイクルの、どちらを先に考えるべきですか。
（再利用）

(四) 「お下がり」という言葉の意味で、あっているものに三つ○をしましょう。
（○）神・仏様にそなえたものをいただくこと
（　）山をおりること
（○）お客に出した飲食物の残り
（○）目上の人からゆずり受けた使用済みの衣類や品物
（　）坂道を下の方へ行くこと

34

P36

「かむ」ことの力 (1)

上の文章を読んで、答えましょう。

(一) ア いっしょに考えてみましょう。とありますが、どんなことを、これから考えるのでしょう。二つ書きましょう。(8×2)
（かむって、どういうことなのか。）
（よくかむと、どんないいことがあるのか。）

(二) イ 食べ物にはさまざまなちがいがあります。とありますが、どんなちがいが書かれていますか。反対言葉で三組書きましょう。(6×3)
（熱い）↔（冷たい）
（かたい）↔（やわらかい）
（大きい）↔（小さい）

(三) ウ その知らせとは、どんな知らせですか。(10)
（脳に伝わった食べ物の様子）

(四) 食べ物を口の中に入れた後、脳から出す指令を二つ書きましょう。(8×2)
（この食べ物は、このようにかみなさい。）
（だえきを出すように（出しなさい。））

(五) ① 四で出された指令により、よくかまれた食べ物はどんな様子になりますか。(8)
（だんだん小さく、やわらかくなっていく。）
② ①の食べ物は、どこへ送りこまれますか。(8)
（食道）に送りこまれる。

(六) エ そしゃくするとき、どんな部分がたがいに協力するのですか。八つ書きましょう。(3×8)
（歯）（あごの骨）
（あごの関節）（あごを動かす筋肉）
（口のまわりの筋肉）（ほお）
（した）（くちびる）

P37

「かむ」ことの力 (2)

上の文章を読んで、答えましょう。

(一) 食べ物をかめばかむほど、何がたくさん出てくるのでしょうか。(10)
（だえき）

(二) だえきがたくさん出ると、どんなよいことがありますか。二つ書きましょう。(10×2)
（消化を助ける。）
（歯の健康にとっても大事。）

(三) 大量のだえきが、虫歯になるのをふせぐ働きをするのは、どうしてですか。(10)
（歯の表面のよごれやばい菌などをあらい流すから。）

(四) だえきが、初期の虫歯を元の健康な歯にもどす助けができるのは、どうしてですか。(10)
（だえきには歯と同じ成分がふくまれているから。）

(五) だえきは一日におおよそ何リットル出ますか。(10)
（おおよそ一リットル）

(六) ① 食べ物をだえきといっしょに数十回もよくかむと、脳からどんな知らせが出されますか。(10×2)
（「もうおなかがいっぱいだよ。」という知らせ）
② その知らせを出して、脳は何を調整していますか。
（（胃や腸がちょうどいい具合に働く）食べ物の量）

(七) 食べ物をよくかまないで飲みこむと、どんなことがおこりますか。二つ書きましょう。(10×2)
（食べすぎてしまう。）
（胃や腸がつかれて、栄養が取り入れられなくなる。）

P38

「かむ」ことの力 (3)

上の文章を読んで、答えましょう。

(一) 歯をくいしばる力が強くなるためには、何が強くないといけませんか。(10)
（歯や歯のまわりの骨・筋肉）

(二) 思い切り歯をくいしばるのは、どんなときですか。本文から二つ書きましょう。(10×2)
（つなを引いているとき。）
（ドッジボールで球を投げたり受け止めたりするとき。）

(三) ア このときとは、どんなときですか。(10)
（思い切り歯を食いしばっているとき。）

(四) ① 歯を食いしばるとき、虫歯があると、どうなりますか。(10×2)
（強い力が出せない。）
② 歯の強さが左右でちがうと、どうなりますか。
（体全体の力も左右のバランスがとれなくなることがある。）

(五) イ 体全体の成長や活動にとっても大切なことは、どんなことですか。(10)
（歯の全体を使ってよくかむこと。）

(六) ①・② に当てはまる言葉を［　］から選んで（　）に書きましょう。(10×2)
［このように・しかし　また］
①（また）
②（このように）

(七) ウ それは、何を指しますか。(10)
（朝ごはんをよくかんで食べること。）

※本書にかかれている解答はあくまでも一例です。答えは、文意があっていれば、○をして下さい。
「思ったこと」「考えたこと」などは様々なとらえ方があります。児童の思いをよく聞いて○をつけて下さい。

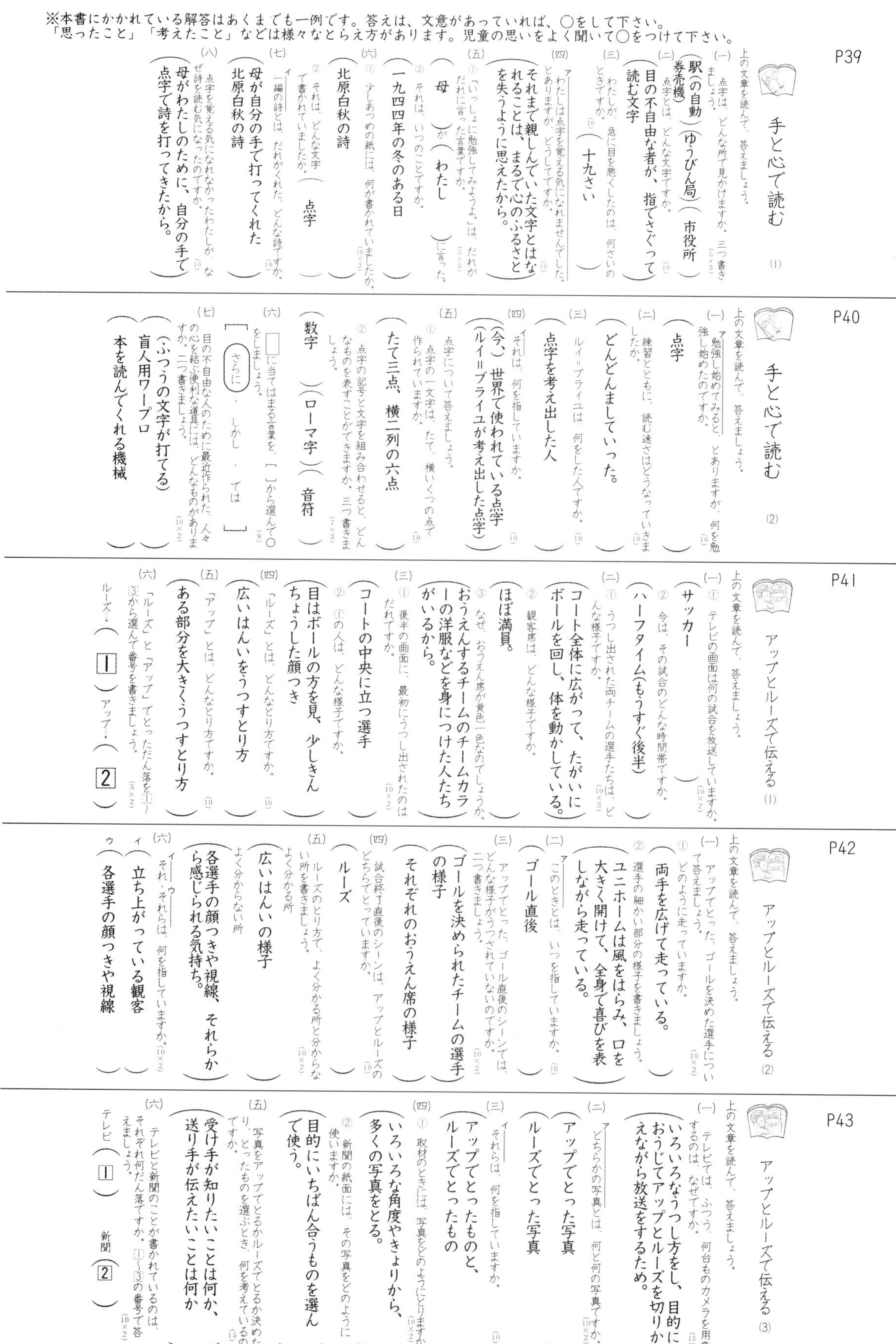

P39 手と心で読む (1)

上の文章を読んで、答えましょう。

(一) 点字は、どんな所で見かけますか。三つ書きましょう。(5×3)
（駅（の自動券売機））（ゆうびん局）（市役所）

(二) 点字とは、どんな文字ですか。(10)
（目の不自由な者が、指でさぐって読む文字）

(三) わたしが、急に目を悪くしたのは、何さいのときですか。(10)
（十九さい）

(四) アわたしは点字を覚える気になれませんでした。とありますが、どうしてですか。(10)
（それまで親しんでいた文字とはなれることは、まるで心のふるさとを失うように思えたから。）

(五) ①「いっしょに勉強してみようよ。」は、だれがだれに言った言葉ですか。(5×3)
（母）が（わたし）に言った。
② それは、いつのことですか。
（一九四四年の冬のある日）

(六) ① 少しあつめの紙には、何が書かれていましたか。(10×2)
（北原白秋の詩）
② それは、どんな文字で書かれていましたか。（点字）

(七) イ一編の詩とは、だれがくれた、どんな詩ですか。(10)
（母が自分の手で打ってくれた北原白秋の詩）

(八) 点字を覚える気になれなかったわたしが、なぜ詩を読む気になったのですか。(10)
（母がわたしのために、自分の手で点字で詩を打ってきたから。）

P40 手と心で読む (2)

上の文章を読んで、答えましょう。

(一) ア勉強し始めてみると、とありますが、何を勉強し始めたのですか。(10)
（点字）

(二) 練習とともに、読む速さはどうなっていきましたか。(10)
（どんどんましていった。）

(三) ルイ＝ブライユは、何をした人ですか。(10)
（点字を考え出した人）

(四) イそれは、何を指していますか。(10)
（（今、）世界で使われている点字（ルイ＝ブライユが考え出した点字））

(五) 点字について答えましょう。
① 点字の一文字は、たて、横いくつの点で作られていますか。(10)
（たて三点、横二列の六点）
② 点字の記号と文字を組み合わせると、どんなものを表すことができますか。三つ書きましょう。(7×3)
（数字）（ローマ字）（音符）

(六) □に当てはまる言葉を、[ ]から選んで○をしましょう。(9)
[(さらに) ・ しかし ・ では]

(七) 目の不自由な人のために最近作られた、人々の心を結ぶ便利な道具には、どんなものがありますか。二つ書きましょう。(10×2)
（（ふつうの文字が打てる）盲人用ワープロ）
（本を読んでくれる機械）

P41 アップとルーズで伝える (1)

上の文章を読んで、答えましょう。

(一) ① テレビの画面は何の試合を放送していますか。(10×2)
（サッカー）
② 今は、その試合のどんな時間帯ですか。
（ハーフタイム（もうすぐ後半））

(二) ① うつし出された両チームの選手たちは、どんな様子ですか。(10×3)
（コート全体に広がって、たがいにボールを回し、体を動かしている。）
② 観客席は、どんな様子ですか。
（ほぼ満員。）
③ なぜ、おうえん席が黄色一色なのでしょうか。
（おうえんするチームのチームカラーの洋服などを身につけた人たちがいるから。）

(三) ① 後半の画面に、最初にうつし出されたのはだれですか。(10×2)
（コートの中央に立つ選手）
② ①の人は、どんな様子ですか。
（目はボールの方を見、少しきんちょうした顔つき）

(四) 「ルーズ」とは、どんなとり方ですか。(10)
（広いはんいをうつすとり方）

(五) 「アップ」とは、どんなとり方ですか。(10)
（ある部分を大きくうつすとり方）

(六) 「ルーズ」と「アップ」でとっただん落を1〜3から選んで番号を書きましょう。(5×2)
ルーズ→（1） アップ→（2）

P42 アップとルーズで伝える (2)

上の文章を読んで、答えましょう。

(一) アップでとった、ゴールを決めた選手について答えましょう。(10×2)
① どのように走っていますか。
（両手を広げて走っている。）
② 選手の細かい部分の様子を書きましょう。
（ユニホームは風をはらみ、口を大きく開けて、全身で喜びを表しながら走っている。）

(二) アこのときとは、いつを指していますか。(10)
（ゴール直後）

(三) アップでとった、ゴール直後のシーンでは、どんな様子がうつされていないのですか。二つ書きましょう。(10×2)
（ゴールを決められたチームの選手の様子）
（それぞれのおうえん席の様子）

(四) 試合終了直後のシーンは、アップとルーズのどちらでとっていますか。(10)
（ルーズ）

(五) ルーズのとり方で、よく分かる所と分からない所を書きましょう。(10×2)
よく分かる所
（広いはんいの様子）
よく分からない所
（各選手の顔つきや視線、それらから感じられる気持ち。）

(六) イそれ・ウそれらは、何を指していますか。(10×2)
イ（立ち上がっている観客）
ウ（各選手の顔つきや視線）

P43 アップとルーズで伝える (3)

上の文章を読んで、答えましょう。

(一) テレビでは、ふつう、何台ものカメラを用意するのは、なぜですか。(15)
（いろいろなうつし方をし、目的におうじてアップとルーズを切りかえながら放送をするため。）

(二) アどちらかの写真とは、何と何の写真ですか。(10×2)
（アップでとった写真）（ルーズでとった写真）

(三) イそれらは、何を指していますか。(10)
（アップでとったものと、ルーズでとったもの）

(四) ① 取材のときには、写真をどのようにとりますか。(10×2)
（いろいろな角度やきょりから、多くの写真をとる。）
② 新聞の紙面には、その写真をどのように使いますか。
（目的にいちばん合うものを選んで使う。）

(五) 写真をアップでとるかルーズでとるか決めたり、とったものを選ぶとき、何を考えているのですか。(15)
（受け手が知りたいことは何か、送り手が伝えたいことは何か）

(六) テレビと新聞のことが書かれているのは、それぞれ何だん落ですか。1〜3の番号で答えましょう。(10×2)
テレビ（1） 新聞（2）

※本書にかかれている解答はあくまでも一例です。答えは、文意があっていれば、○をして下さい。
「思ったこと」「考えたこと」などは様々なとらえ方があります。児童の思いをよく聞いて○をつけて下さい。

P44

ヤドカリとイソギンチャク (1)

上の文章を読んで、答えましょう。

(一) ソメンヤドカリは、貝がらの上に何を付けていますか。⑩
（（ベニヒモ）イソギンチャク）

(二) ア それなのには、何を指していますか。⑩
（（貝がらにいくつもイソギンチャクを付けた）ヤドカリのすがたは、いかにも重そうに見えるのに。）

(三) イ このことは、何を指していますか。⑩
（なぜ、ヤドカリは、いくつものイソギンチャクを貝がらに付けているのか。）

(四) 二つの実験について答えましょう。
① はじめの実験では、何のいる水そうに、何を入れるのですか。(5×2)
（おなかをすかせたタコ）のいる水そうに（イソギンチャクを付けていないヤドカリ）を入れる。
② ①の結果、ヤドカリはどうなりましたか。⑩
（タコの長いあしにすぐつかまり、貝がらをかみくだかれて食べられた。）
③ 次の実験では、タコのいる水そうに何を入れますか。⑩
（イソギンチャクを付けているヤドカリ）
④ ③の実験で、ヤドカリが近づいたときのタコの様子を書きましょう。⑩
（後ずさりしたり、水そうの中をにげ回ったりする。）

(五) ウ そのはりは何を指していますか。⑩
（イソギンチャクのしょく手から出たはり（何かがふれるとしょく手からとび出す仕組みのはり））

(六) エ このこととは、どんなことですか。⑩
（イソギンチャクは、しょく手にふれるととび出すはりで、魚やエビをしびれさせて、えさにすること。）

(七) ヤドカリが、イソギンチャクを貝がらに付けるわけを書きましょう。⑩
（敵から身を守るため。）

P46

ヤドカリとイソギンチャク (2)

名前

「ヤドカリとイソギンチャク」(2)を読んで、答えましょう。

(一) ① 水そうで観察したのは、だれですか。(5×2)
（（カナダの）ロス博士）
② 何を調べるために観察したのですか。
（ヤドカリとイソギンチャクがどのようにしていっしょになるのか。）

(二) ア すぐ近づいてきてとありますが、何がどこに近づくのでしょう。(5×2)
（（ソメン）ヤドカリ）が（（ベニヒモ）イソギンチャク）に近づく。

(三) イ 手あらな方法とありますが、具体的にその方法を二つに分けて説明しましょう。(10×2)
（あしを使ってイソギンチャクの体をつついたり、両方のはさみで引っぱったりして、イソギンチャクをはがす。）

（（イソギンチャクを）かかえるようにして自分の貝がらの上におし付ける。）

(四) ヤドカリの貝がらに付けられるときの、イソギンチャクの様子を書きましょう。⑤
（しょく手をのばしたままで、いかにも気持ちよさそうに見え、はりもとび出さない。）

(五) ①～③に当てはまる言葉を[ ]から選んで、（ ）に書きましょう。(5×3)
①（そして）②（では）③（ですから）
[では・そして けれども・ですから]

(六) イソギンチャクは、ヤドカリの貝がらに付くことで、どんな利益がありますか。二つ書きましょう。(10×2)
（いろいろな場所に移動することができるので、えさをとる機会がふえる。）

（ヤドカリの食べ残しをもらうこともできる。）

(七) ① 助け合って生きているのは、何と何ですか。(5×4)
（ヤドカリ）と（イソギンチャク）
② ウの文では、何が何を助けていますか。
（ヤドカリ）が（イソギンチャク）を助けている。

P47

ウミガメのはまを守る (1)

上の文章を読んで、答えましょう。

(一) たくさんのアカウミガメがたまごを産みに上陸する場所と、時期を答えましょう。(10×2)
・場所（静岡県御前崎町のすなはま）
・時期（五月から九月にかけて）

(二) そこに上陸するウミガメの数を書きましょう。(5×2)
一九九〇年ごろ（五百頭をこえた）
今（百頭くらい）

(三) 御前崎町や、その町の人々について答えましょう。(10×4)
① どんな町ですか。
（カツオ漁を中心に発てんした町）
② 町の人々は、何と言ってウミガメを大切にしてきたのですか。
（「カメがいると大漁になる。」）
③ 町の人々は、なぜ②のように言ったのでしょう。
（ウミガメがカツオの群れの近くを泳いでいることがあり、カツオを連れているように見えるから。）
④ 海岸に死んだカメが打ち上げられると、町の人々はどうしましたか。
（お墓を作ってうめた。）

(四) ア それは、何を指していますか。⑩
（開発の波がおしよせてきたこと）

(五) すなはまが年を追ってせまくなったわけを、二つ書きましょう。(10×2)
（すなはまの一部がうめ立てられ、海岸に道路や防潮堤をつくるための工事が始まったから。）

（海に流れ込む、近くの大きな川の上流にダムが建設され、川の上流からすなが運ばれてこなくなったから。）

P48

ウミガメのはまを守る (2)

上の文章を読んで、答えましょう。

(一) ふつう、ウミガメのめすは、どんな所にたまごを産みますか。⑩
（波打ちぎわからできるだけはなれた所にあなをほって産む。）

(二) ア 上陸しても、たまごを産まずに海に引き返してしまうカメが出てくるようになった理由を、二つ書きましょう。(10×2)
（すなはまがせまくなって、すぐに防潮堤につき当たってしまうため。）

（すなの中にごみや流木がうまっていることが多く、なかなか深いあなをほることができないため。）

(三) ①・②に当てはまる言葉を[ ]から選んで書きましょう。(5×2)
①（しかし）②（また）
[また そして しかし]

(四) ウミガメの産んだたまごが、だめになる例を三つ書きましょう。(10×3)
（波にさらわれる。）

（タヌキなどに食べられる。）

（すなはまを走り回る自動車に、ふみつぶされる。）

(五) アカウミガメの保護に乗り出した町の人々について答えましょう。(5×2)
① 中心になったところを書きましょう。
（御前崎町教育委員会）
② いつのことですか。
（一九七二年）

(六) あなたは、アカウミガメの保護とは、具体的にどんなことをすればよいと思いますか。二つ書きましょう。(10×2)
例
（すなはまのごみをひろう。）
（すなはまに自動車を入れないようにする。）

※本書にかかれている解答はあくまでも一例です。答えは、文意があっていれば、○をして下さい。
「思ったこと」「考えたこと」などは様々なとらえ方があります。児童の思いをよく聞いて○をつけて下さい。

ウミガメのはまを守る (3)

名前

「ウミガメのはまを守る」(3)を読んで、答えましょう。

(一) ウミガメがたまごを産みにやってくる時期になると、町の保護監視員は、いつ、どこをパトロールしますか。(5×2)

・いつ（毎朝）　・どこを（海岸のたん当地区）

(二) パトロールで保護監視員たちがウミガメの足あとを見つけてから、子ガメを海に放すまでの仕事を三つ書きましょう。(8×3)

（ウミガメの足あとをたどり、前の夜ウミガメがたまごを産んだ所をさがし、すなをほり、たまごを取り出してふ化場へと運ぶ。）

（ふ化場で、一頭のカメが産んだたまごを、一か所にまとめてうめ、その上に、たまごの数や、たまごを産んだ日付、場所を書いた小さな立て札を立てておく。）

（夜になるとふ化場を見回り、ふ化した子ガメがいれば、数やふ化した日付を記録してから、海に放す。）

(三) ① 海岸のパトロールが、夜も行われるのは、いつからいつまでの間ですか。(8×2)

（七月十五日から八月三十一日までの間）

② 夜もパトロールするのは、どうしてですか。

（すなはまで遊ぶ人の声や、花火の音などが聞こえてくると、ウミガメが、上陸しないで引き返してしまうから。）

(四) 町の保護監視員は、昼間は何をしていますか。(8)

（それぞれの仕事）

(五) 御前崎小学校の五年生が取り組んでいる、ウミガメの保護について書きましょう。(8×4)

① 御前崎小学校にあずけられるのは、どんなウミガメですか。

（秋になって生まれた子ガメ（夏がすぎてからふ化したもの））

② なぜ、①のウミガメを海に放さずに、御前崎小学校にあずけるのでしょう。

（海水の温度が低いと、体温が下がり、体が動かなくなってしまうから。）

③ 当番になった児童のしていることを、二つ書きましょう。

（朝早く登校し、子ガメの様子や、水そうの水のよごれ、水の量などを見てから、えさをやる。）

（子ガメの大きさと体重をはかって記録する。）

(六) (五)以外で、御前崎小学校・中学校が、全校でウミガメの保護に取り組んでいることを書きましょう。(10)

（(毎年初夏に) 海岸のせいそうを行っている。）

くらしの中の和と洋 (1)

上の文章を読んで、答えましょう。

(一) 「和」と「洋」は、どんなものを指しますか。(10×2)

「和」（伝統的な日本の文化にもとづくもの）

「洋」（主として欧米の文化から取り入れたもの）

(二) くらしの基本である「衣食住」の中で、「和」と「洋」にはどんなものがありますか。(5×6)

	「和」	「洋」
「衣」	和服	洋服
「食」	和食	洋食
「住」	和室	洋室

(三) 和室と洋室の最も大きなちがいは何でしょうか。(10)

（ゆかの仕上げ方とそこに置かれる家具）

(四) 和室と洋室のちがいを、具体的に左の表に書きこみましょう。(8×4)

	ゆか	家具
和室	たたみをしく	あまり家具を置かない
洋室	板をはる カーペット	部屋の目的に合わせた家具を置く。(いす、テーブル、ベッドなど)

(五) ア このちがいが、何を生み出すと考えられますか。(8)

（それぞれの部屋の中でのすごし方や、部屋の使い方の差を生み出す。）

くらしの中の和と洋 (2)

上の文章を読んで、答えましょう。

(一) ア それぞれの部屋とは、どんな部屋でしょう。(5×2)

（和室）と（洋室）

(二) イ それとは、何を指していますか。(10)

（和室ですごすとき、たたみの上に直接すわること。）

(三) [1]~[7]の中で、和室、洋室でのすごし方の良さについて書かれているだん落があります。その番号を二つずつ下の表に書きこみましょう。(5×4)

	和室	洋室
すごし方の良さ	[4] [5]	[6] [7]

(四) ウ いろいろなしせいとは、どんなしせいですか。四つ書きましょう。(5×4)

（正ざ）（ひざをくずす）

（あぐらをかく）（ねころぶ）

(五) いすの良さを二つ書きましょう。(10×2)

（(目的に合わせたしせいがとれるように、形がくふうされているので、)長時間同じしせいですわっていても、つかれが少なくてすむ。）

（すわっている状態から、次の動作にうつるのがかん単。）

(六) 次の文は、洋室・和室のどちらのことですか。洋室なら「洋」、和室なら「和」と、（ ）に書き入れましょう。(5×3)

（和）多少人数が多くても、間をつめればみんながすわれる。

（洋）すわっている状態から、次の動作にうつるのがかん単。

（和）いろいろなしせいをとることができる。

(七) □に当てはまる言葉を、[ ]から選んで○をしましょう。(5)

[でも ・ しかし ・ (ですから)]

※本書にかかれている解答はあくまでも一例です。答えは、文意があっていれば、○をして下さい。
「思ったこと」「考えたこと」などは様々なとらえ方があります。児童の思いをよく聞いて○をつけて下さい。

P54

くらしの中の和と洋 (3)

名前

「くらしの中の和と洋」(3)を読んで、答えましょう。

(一) 洋室であれば、何に使う部屋かということはだいたい見当がつくのは、何を見て分かるのですか。(7)

（そこに置いてある家具で分かる。）

(二) 洋室のそれぞれの部屋の家具は、何のために置かれていますか。(8)

（その部屋をより使いやすくするため。）

(三) 洋室では、次の家具はどんな目的で置かれていますか。(5×3)

テーブルやいす（食事をするため）

ベッド（ねるため）

勉強づくえ（勉強をするため）

(四) 家にお客さんがやってきて、食事をし、とまっていくことになったという場合の、和室の良さについて書きましょう。(10)

（和室が一部屋あれば、そこでざぶとんをしいて話をし、ざたくに料理をならべて食事をし、かたづけてふとんをしくことができる。（和室なら、一部屋で話したり、食事をしたり、ねることができる。））

(五) 和室と洋室の、それぞれの良さをまとめましょう。(5×2)

和室（一つの部屋をいろいろな目的に使うことができる。）

洋室（その部屋で何をするかがはっきりしていて、そのために使いやすくつくられている。）

(六) 次のことが書いてあるのは1～5のどのだん落にあたりますか。（　）に番号を書きましょう。(5×4)

和室について（4）　洋室について（2）（3）　問題のなげかけ（1）　問題に対するまとめ（5）

(七) それ(ア)、そこ(イ)、そこ(ウ)、そのは(エ)、何を指していますか。(5×4)

ア（初めてたずねた家の部屋）　イ（洋室）

ウ（和室）　エ（和室と洋室）

(八) ①・②に当てはまる言葉を［　］から選んで書きましょう。(5×2)

①（例えば）　②（しかし）

［しかし・そして・例えば・また］

P55

花を見つける手がかり (1)

上の文章を読んで、答えましょう。

(一) もんしろちょうは、どんなちょうですか。上の文章からぬき書きしましょう。(10)

（日本じゅうどこにでもいる、ありふれたちょうです。）

(二) その(ア)、そんなは(イ)、それぞれ何を指していますか。(ア5 イ10)

ア（花）

イ（花の色か、形か、においか、）何を手がかりにして、花を見つけるのか、もんしろちょうにきいてみる。）

(三) この疑問(ウ)とは、どんな疑問ですか。(10)

（もんしろちょうは、何を手がかりにして、花を見つけるのか。）

(四) (10×2)

① 実験には、何が必要ですか。

（たくさんのもんしろちょう）

② ①は、どのように用意しましたか。

（キャベツをえさに青虫を育てた。）

(五) 実験では、一度に何びきぐらいのちょうを放しますか。(10)

（百ぴき、二百ぴき）

(六) 花だんにはどんな色の花がさいていますか。四つ書きましょう。(5×4)

（赤）（黄）

（むらさき）（青）

(七) もんしろちょうは、いっせいに、花だんに向かってとんでいきます。(エ)とありますが、もんしろちょうのどんなことがわかりますか。(10)

（生まれながらに、花を見つける力を身につけているようだ。）

(八) □に当てはまる言葉を、［　］から選んで○をしましょう。(5)

［それとも・しかし・(まず)］

P56

花を見つける手がかり (2)

上の文章を読んで、答えましょう。

(一) ちょうの集まった花だんを注意して見ると、どんなことがわかりましたか。(10)

（ちょうのよく集まる花と、そうでない花とがある。）

(二) そうは(ア)、何を指していますか。(10)

（ちょうは色で花を見分けている。）

(三) ちょっと早すぎます。(イ)とありますが、なぜ、早すぎるのでしょう。(10)

（たまたま、花だんに植えた赤い花が、おいしそうなにおいを出していないのかもしれないから。）

(四) そこは(ウ)、何を指していますか。(10)

（色か、においか、何で花を見分けているのか。）

(五) 別の実験について答えましょう。(10×5)

① どんな花で実験しましたか。

（プラスチックの造花）

② ①を使ったのは、なぜですか。

（色で集まるのか、においで集まるのかを調べるため、においのしない花にした。）

③ もんしろちょうは造花に向かってとんでいきましたか。

（とんでいった。）

④ その結果、どんなことが考えられるでしょうか。

（ちょうは、(においではなく)花の色か形にひかれている。）

⑤ 造花の場合、もんしろちょうはどの色の花にあつまらなかったでしょうか。

（赤い花）

(六) ①・②に当てはまる言葉を［　］から選んで（　）に書きましょう。(5×2)

①（でも）　②（ですから）

［でも・ですから・また］

※本書にかかれている解答はあくまでも一例です。答えは、文意があっていれば、○をして下さい。
「思ったこと」「考えたこと」などは様々なとらえ方があります。児童の思いをよく聞いて○をつけて下さい。

P58

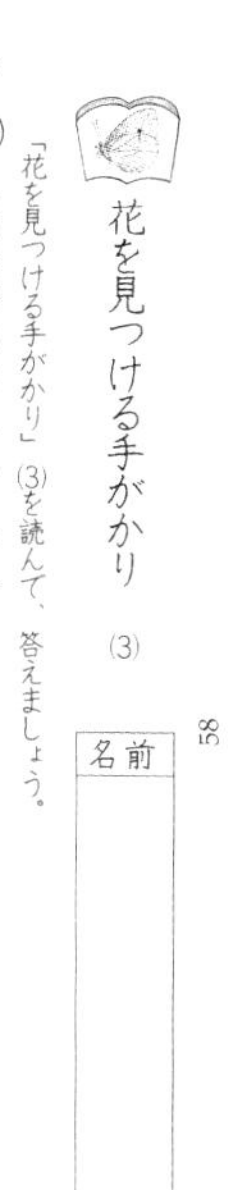

花を見つける手がかり (3)

58 名前

「花を見つける手がかり」(3)を読んで、答えましょう。

(一) 次の実験について答えましょう。

① 花の代わりに何を使いましたか。(8)

（四角い色紙）

② 何のために、①を使いましたか。(10)

（色紙にももんしろちょうが集まってくれれば、花の形が問題なのではなく、色だけが、もんしろちょうをひきつけているということになるから。）

(二) ア もんしろちょうは、色紙を花だと思っているようです。とありますが、もんしろちょうのどんな様子から、色紙を花だと思っていることがわかりますか。(10)

（ただの紙なのに、ちょうは集まってくる。止まったちょうは、長い口をのばして、みつをすおうとしている。）

(三) ちょうがいちばん集まったのは何色で、ちょうがほとんど来なかったのは何色ですか。(5×2)

・ちょうがいちばん集まった色（むらさき）
・ちょうがほとんど来なかった色（赤）

(四) この実験で結ろんを出すために、念のためにした実験を書きましょう。(8)

（赤い色紙にみつをつけたものを用意してみた。）

(五) これらの実験からわかったことを書きましょう。(8)

（もんしろちょうは、色によって花を見つけること、赤い花は見えないらしいこと。）

(六) イ そういう人とは、どんな人ですか。(8)

（赤い花にもんしろちょうが来ているのを見たことがあると言う人）

(七) 赤い花にもんしろちょうが来ているわけを書きましょう。(10)

（赤い花のまん中に、黄色のおしべ・めしべがあるので、その黄色を目あてに、やってきた。）

(八) ウ そのは、何を指していますか。(5)

（こん虫）

(九) エ なのはなには、なぜもんしろちょうがよく集まるのでしょうか。(8)

（黄色の花だから。）

(十) [あ]・[い]・[う]に当てはまる言葉を[ ]から選んで（ ）に書きましょう。(5×3)

[やはり ・ しかし なぜなら ・ いよいよ]

あ（いよいよ） い（やはり） う（しかし）

P59

とんぼの楽園づくり (1)

上の文章を読んで、答えましょう。

(一) ① 筆者の少年時代、夏の夕方になると見られた、とんぼの名前を書きましょう。(10×2)

（ぎんやんま）

② ①のとんぼは、どこに集まりますか。

（小さな虫のいる原っぱや水辺）

(二) ア むねがどきどきしたのは、どんな時ですか。(10)

（とんでいるぎんやんまをつかまえることができた時）

(三) 秋になると見られた、とんぼの名前を書きましょう。(10)

（あきあかね）

(四) イ とんぼのすみやすいかんきょうとは、どんなところですか。(10)

（水田やため池などの流れのない水辺）

(五) 次の①～③の説明に合うとんぼの名前を書きましょう。(5×6)

① 今では生息地もかぎられ、ぜつめつするおそれが高いとんぼ

（べっこうとんぼ）（ひぬまいととんぼ）

② 場所によってはすがたを消しつつあるとんぼ

（ちょうとんぼ）（はぐろとんぼ）

③ 昔はむれをなしてとんでいたが、今では数が大変少なくなったとんぼ

（あきあかね）（ぎんやんま）

(六) 今、日本にいる、約二百種のとんぼのうち、四十一種がぜつめつするおそれがあるとされた原いんは何ですか。(10)

（土地の開発や水のおせんなどで、とんぼの成長や生活にてきした水辺が少なくなったこと。）

(七) [ウ]・[エ]に当てはまる言葉を[ ]から選んで（ ）に書きましょう。(5×2)

[なぜなら ・ ほかにも ・ ところが]

ウ（ところが） エ（ほかにも）

P61

とんぼの楽園づくり (2)

61 名前

「とんぼの楽園づくり」(2)を読んで、答えましょう。

(一) 「寄居町にとんぼ公園を作る会」は、いつ、だれが中心になってできましたか。(5×2)

いつ（一九八九年） だれが（地元の人々）

(二) 「とんぼ池」は、どのようにして作りますか。(10)

（農家から休耕田を借りて、田んぼだったところをほり下げたり、あぜを高くしたりしてつくる。）

(三) 「とんぼ池」には、どんな水草を植えますか。二つ書きましょう。(5×2)

（葉を水の上に出す水草）（葉を水面にうかべる水草）

(四) 水草はとんぼとのかかわりで、どんなことに必要ですか。四つ書きましょう。(5×4)

（水草のくきや葉に管をさしこみ、たまごをうめこんで産みつける。）（羽を休める。）

（よう虫である）やごが羽化するときのささえになる。）（水草のすきまは、）やごのすみかやえさ場になる。）

(五) ア さまざまな生き物とは、どんな生き物ですか。[ ]に十二、書きましょう。(2×10)

[めだか] [ふな] [げんごろう] [ゆすりか]
[おたまじゃくし] [たにし] [えび] [ちょう]
[小鳥(かわせみ)] [もつご]

(六) ① これからの自然ほごで、大きな課題になることを書きましょう。(10)

（めずらしい生物を守るだけでなく、さまざまな生物がともに生きていくことのできるかんきょう全体をたもつこと。）

② そのために必要なことを、二つ書きましょう。(10×2)

（さまざまな生物が育ち、成長できるかんきょうを人の手で再生したり、新しくつくり出したりすること。）

（つくったものを守り続けるという息の長い活動。）

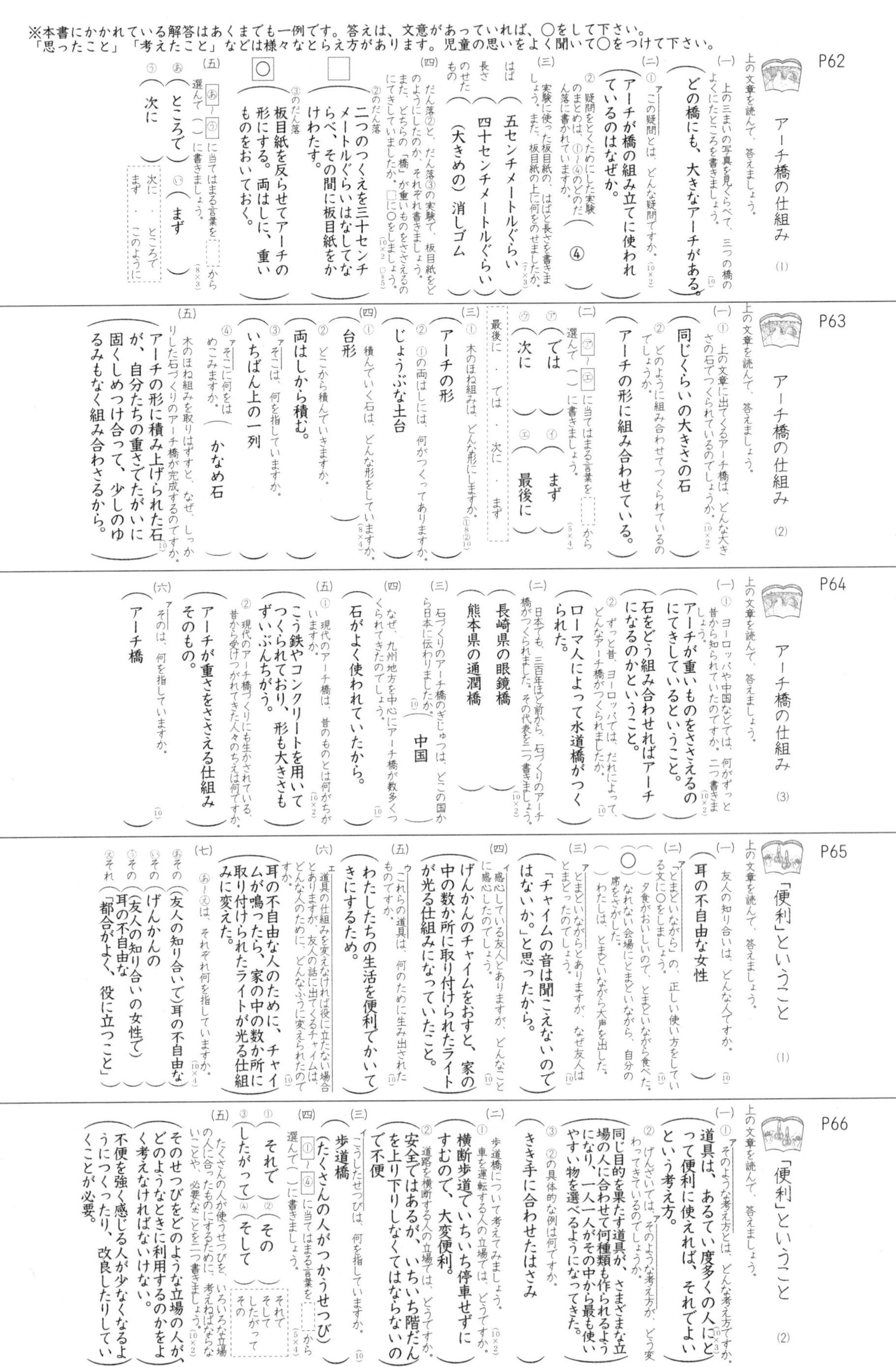

※本書にかかれている解答はあくまでも一例です。答えは、文意があっていれば、〇をして下さい。
「思ったこと」「考えたこと」などは様々なとらえ方があります。児童の思いをよく聞いて〇をつけて下さい。

P62 アーチ橋の仕組み (1)

上の文章を読んで、答えましょう。

(一) 上の三まいの写真を見くらべて、三つの橋のよくにたところを書きましょう。(10)
（どの橋にも、大きなアーチがある。）

(二) ① アこの疑問とは、どんな疑問ですか。(10×2)
（アーチが橋の組み立てに使われているのはなぜか。）
② 疑問をとくためにした実験のまとめは、①～④のどのだん落に書かれていますか。（④）

(三) 実験に使った板目紙の、はばと長さを書きましょう。また、板目紙の上に何をのせましたか。(7×3)
はば（五センチメートルぐらい）
長さ（四十センチメートルぐらい）
のせたもの（（大きめの）消しゴム）

(四) だん落②と、だん落③の実験で、板目紙をどのようにしたのか、それぞれ書きましょう。また、どちらの「橋」が重いものをささえるのにてきしていましたか。□に〇をしましょう。(10×2 □5)
②のだん落 □（二つのつくえを三十センチメートルぐらいはなしてならべ、その間に板目紙をかけわたす。）
③のだん落 〇（板目紙を反らせてアーチの形にする。両はしに、重いものをおいておく。）

(五) あ～うに当てはまる言葉を[ ]から選んで（ ）に書きましょう。(8×3)
あ（ところで） い（まず） う（次に）
[次に・ところで・まず・このように]

P63 アーチ橋の仕組み (2)

上の文章を読んで、答えましょう。

(一) ① 上の文章に出てくるアーチ橋は、どんな大きさの石でつくられているのでしょうか。(10×2)
（同じくらいの大きさの石）
② どのように組み合わせてつくられているのでしょうか。
（アーチの形に組み合わせている。）

(二) ア～エに当てはまる言葉を[ ]から選んで（ ）に書きましょう。(5×4)
ア（では） イ（まず） ウ（次に） エ（最後に）
[最後に・では・次に・まず]

(三) ① 木のほね組みは、どんな形にしますか。(①8 ②10)
（アーチの形）
② ①の両はしには、何がつくってありますか。
（じょうぶな土台）

(四) ① 積んでいく石は、どんな形をしていますか。(8×4)
（台形）
② どこから積んでいきますか。
（両はしから積む。）
③ アそこは、何を指していますか。
（いちばん上の一列）
④ アそこに何をはめこみますか。（かなめ石）

(五) 木のほね組みを取りはずすと、なぜ、しっかりした石づくりのアーチ橋が完成するのですか。(10)
（アーチの形に積み上げられた石が、自分たちの重さでたがいに固くしめつけ合って、少しのゆるみもなく組み合わさるから。）

P64 アーチ橋の仕組み (3)

上の文章を読んで、答えましょう。

(一) ① ヨーロッパや中国などでは、何がずっと昔から知られていたのですか。二つ書きましょう。(10×2)
（アーチが重いものをささえるのにてきしているということ。）
（石をどう組み合わせればアーチになるのかということ。）
② ずっと昔、ヨーロッパでは、だれによって、どんなアーチ橋がつくられましたか。(10)
（ローマ人によって水道橋がつくられた。）

(二) 日本でも、三百年ほど前から、石づくりのアーチ橋がつくられました。その代表を二つ書きましょう。(10×2)
（長崎県の眼鏡橋）
（熊本県の通潤橋）

(三) 石づくりのアーチ橋のぎじゅつは、どこの国から日本に伝わりましたか。(10)（中国）

(四) なぜ、九州地方を中心にアーチ橋が数多くつくられてきたのでしょう。(10)
（石がよく使われていたから。）

(五) ① 現代のアーチ橋は、昔のものとは何がちがいますか。(10×2)
（こう鉄やコンクリートを用いてつくられており、形も大きさもずいぶんちがう。）
② 現代のアーチ橋づくりにも生かされている、昔から受けつがれてきた人々のちえは何ですか。
（アーチが重さをささえる仕組みそのもの。）

(六) アそのは、何を指していますか。(10)
（アーチ橋）

P65 「便利」ということ (1)

上の文章を読んで、答えましょう。

(一) 友人の知り合いは、どんな人ですか。(10)
（耳の不自由な女性）

(二) ア「とまどいながら」の、正しい使い方をしている文に〇をしましょう。(10)
（ ）夕食がおいしいので、とまどいながら食べた。
（〇）なれない会場にとまどいながら、自分の席をさがした。
（ ）わたしは、とまどいながら大声を出した。

(三) アとまどいながらとありますが、なぜ友人はとまどったのでしょう。(10)
（「チャイムの音は聞こえないのではないか。」と思ったから。）

(四) イ感心している友人とありますが、どんなことに感心したのでしょう。(10)
（げんかんのチャイムをおすと、家の中の数か所に取り付けられたライトが光る仕組みになっていたこと。）

(五) ウこれらの道具は、何のために生み出されたものですか。(10)
（わたしたちの生活を便利でかいてきにするため。）

(六) エ道具の仕組みを変えなければ役に立たない場合とありますが、友人の話に出てくるチャイムは、どんな人のために、どんなふうに変えられたのですか。(10)
（耳の不自由な人のために、チャイムが鳴ったら、家の中の数か所に取り付けられたライトが光る仕組みに変えた。）

(七) あ～えは、それぞれ何を指していますか。(10×4)
あその（(友人の知り合いで)耳の不自由な）
いその（げんかんの）
うその（(友人の知り合いの女性で)耳の不自由な）
えそれ（「都合がよく、役に立つこと」）

P66 「便利」ということ (2)

上の文章を読んで、答えましょう。

(一) ① アそのような考え方とは、どんな考え方ですか。(10×3)
（道具は、あるてい度多くの人にとって便利に使えれば、それでよいという考え方。）
② げんざいでは、アそのような考え方が、どう変わってきているのですか。
（同じ目的を果たす道具が、さまざまな立場の人に合わせて何種類も作られるようになり、一人一人がその中から最も使いやすい物を選べるようになってきた。）
③ ②の具体的な例は何ですか。
（きき手に合わせたはさみ）

(二) 歩道橋について考えてみましょう。(10×2)
① 車を運転する人の立場では、どうですか。
（横断歩道でいちいち停車せずにすむので、大変便利。）
② 道路を横断する人の立場では、どうですか。
（安全ではあるが、いちいち階だんを上り下りしなくてはならないので不便）

(三) イこうしたせつびは、何を指していますか。(10)
（歩道橋（たくさんの人がつかうせつび））

(四) ①～④に当てはまる言葉を[ ]から選んで（ ）に書きましょう。(5×4)
①（それで） ②（その） ③（したがって） ④（そして）
[それで・そして・したがって・その]

(五) たくさんの人が使うせつびを、いろいろな立場の人に合ったものにするために、考えねばならないことや、必要なことを二つ書きましょう。(10×2)
（そのせつびをどのような立場の人が、どのようなときに利用するのかをよく考えなければいけない。）

（不便を強く感じる人が少なくなるようにつくったり、改良したりしていくことが必要。）

※本書にかかれている解答はあくまでも一例です。答えは、文意があっていれば、○をして下さい。
「思ったこと」「考えたこと」などは様々なとらえ方があります。児童の思いをよく聞いて○をつけて下さい。

P67

「便利」ということ (3)

上の文章を読んで、答えましょう。

(一) ア このような歩道橋とは、どんな歩道橋ですか。二つ書きましょう。(10×2)

（上り下りするところを、階だんの代わりにゆるやかな坂にしている歩道橋）

（エスカレーターやエレベーターが付いた歩道橋）

(二) ア このような歩道橋がつくられることによって、安全で便利に道路を利用することができるようになるのは、どんな人たちですか。三つ書きましょう。(10×3)

（車いすやうば車を使う人）

（自転車に乗る人）

（重い荷物を持った人　など）

(三) ①～④に当てはまる言葉を［　］から選んで（　）に書きましょう。同じ言葉を二回使うこともあります。(5×4)

［ですから・それぞれ・また］

①（また）　②（それぞれ）

③（ですから）　④（また）

(四) さまざまな立場の人が、いろいろな道具やせつびを使っていますが、安全で便利に利用できるようにするために、考えなければならないことを、二つ書きましょう。(15×2)

（だれにとって便利で、だれにとってそうではないのか。）

（どのようなときに便利で、どのようなときにそうではないのか。）

P69

地下からのおくり物

69

名前

「地下からのおくり物」を読んで、答えましょう。

(一) 家庭のお風呂と温泉のお湯のちがいを書きましょう。(5×2)

お風呂（水道水を温めたもの）

温泉（自然のしくみで地下の水がお湯になったもの）

(二) ア これは、何を指していますか。⑩

（温泉のお湯にゆっくりつかると、体が温められて血のめぐりが良くなり、体調が良くなること。）

(三) イ 温泉の水は、地下を旅するとは、温泉の水は具体的にどういうことをしているのですか。⑩

（（温泉は、）マグマのねつで温められた地下の水が、岩のわれ目などを通ってふき出ること。）

(四) 温泉について答えましょう。

① 温泉によって、色がちがうのは、どうしてですか。(8×2)

（温泉によってとけこんでいる物質がことなるため。）

② 色のちがいのほかに、どんなちがいがありますか。

（におい）

(五) ① ウ これらの物質とは、どんな物質ですか。(8×2)

（温泉にとけこんでいる、いおうや鉄分などのさまざまな物質）

② これらの物質は、どんな役目をしていますか。

（いろいろな病気やけがにきく薬の役目）

(六) エ 温泉は、わたしたちを元気にしてくれる「地下からのおくり物」と言えます。とありますが、どんなおくり物ですか。⑩

（温泉に入ったり、温泉の水を飲んだりすると、体調が良くなる。）

(七) 地下からのおくり物は、(六)以外に、何がありますか。(8)

（きれいなわき水）

(八) 地下からのおくり物を大切にするためには、わたしたちはどうすればよいですか。二つ書きましょう。(5×2)

（土地をよごさない。）

（地下の水を使いすぎたりしない。）

(九) ①・②に当てはまる言葉を［　］の中から選んで（　）に書きましょう。(5×2)

［しかし・ですから・けれども・ところで］

①（ところで）　②（ですから）

P70

あめんぼはにん者か (1)

上の文章を読んで、答えましょう。

(一) あめんぼはどんな所で見つかりますか。二つ書きましょう。(10×2)

（ちょっとした池や水たまりの水面）

（ゆるやかな流れの水面）

(二) イ あめんぼが水面に軽々とういて、すいすいと走っている様子を、何のようだと言っていますか。⑩

（時代げきに出てくるにん者）

(三) ア それについて答えましょう。(10×3)

① 何を指していますか。

（水底にうつったあめんぼのかげ）

② どんな日に、どんな所にうつっていますか。

（天気のよい日に、池や水たまりの浅い所の水底）

③ どんなかげだと言っていますか。

（なんとなくふしぎなかげ）

(四) イ そのは何を指していますか。⑩

（あめんぼの体のかげ）

(五) ① ウ 四つか六つの丸いかげとは、何のかげですか。(10×2)

（あめんぼの足の先のかげ）

② ①をもっと正かくに言えば、何ですか。

（あめんぼの足先でおされてくぼんだ水面のかげ）

(六) ①・②に当てはまる言葉を［　］から選んで（　）に書きましょう。(5×2)

［けれど・そのため・まず］

①（まず）　②（けれど）

P71

あめんぼはにん者か (2)

上の文章を読んで、答えましょう。

(一) ① 細いはりを、水面に水平におくと、ふつうはしずむのはなぜですか。(10×2)

（はりには重さがあるから。）

② 水面にうかべるには、どうしたらよいですか。

（はりに油かバターをごくうすくぬる。）

(二) ア このときとは、どんなときですか。⑫

（くぼんだ水面が、元の平らなじょうたいにもどろうとして、はりをおし上げるとき。）

(三) ① 油をぬって水をはじくようにしたはりが、水にうくのは、水の何のおかげですか。(10×2)

（表面張力）

② ①と同じ理くつによって、あめんぼは何をすることができますか。

（にん者のように水面に立っていられる。）

(四) あめんぼは、からだの中から何を出すしくみがあるのですか。⑩

（油）

(五) ①～③に当てはまる言葉を［　］から選んで（　）に書きましょう。(8×3)

［次に・でも・すぐ・同じ・ちがう］

①（すぐ）　②（同じ）

③（でも）

(六) あめんぼが水面にうかぶしくみを、くわしく書きましょう。⑭

（体の中から少しずつ出る油のついた足を広げてあめんぼが水面に立つと、それぞれの足の先は水面をおしてくぼませる。すると水の表面張力によってうかぶ。）

※本書にかかれている解答はあくまでも一例です。答えは、文意があっていれば、○をして下さい。
「思ったこと」「考えたこと」などは様々なとらえ方があります。児童の思いをよく聞いて○をつけて下さい。

P72 あめんぼはにん者か (3)

上の文章を読んで、答えましょう。

(一) ① あめんぼが水面に立つときは、どの足を使いますか。(10×3)

（二本の前足と二本の後足）

② あめんぼが、水面で走るのに使う足は、どの足ですか。

（二本の中足）

③ ②の足は、どんなしくみで、どう動かすのですか。

（ごく先の部分しか水をはじかないので、根元の方まで水の中につっこんで、オールのように動かす。）

(二) あめんぼは、何を食べていますか。⑩

（うっかり水面に落ちてばたばたもがいている虫）

(三) あめんぼは、どのように、もがいている虫を見つけ、食べるのですか。順番に書きましょう。(10×3)

① （前足の先でもがいている虫の立てる波をキャッチする。）

② （中足のオールを動かして、急いでその方へかけつける。）

③ （するどいくちばしを虫にさし、体のしるをすう。）

(四) ア それらとは、何を指していますか。⑩

（いろいろな水生こん虫）

(五) あめんぼと水生こん虫について、表にまとめましょう。(5×4)

	あめんぼ	水生こん虫
生活の場	水の上（水面）	水の中
食べ物	水面に落ちてきた虫	生きた小魚やおたまじゃくし

P73 あめんぼはにん者か (4)

上の文章を読んで、答えましょう。

(一) よごれた水とは、どんな水ですか。⑮

（人間がせんざいや石けんなどを水に流しこんでよごした水）

(二) 水がよごれると、あめんぼはどうなりますか。⑮

（いくら足をふんばっても、ずぶずぶと水にしずんでいって、おぼれてしまう。）

(三) ア あめんぼがわたしたちの近くからほとんどすがたを消してしまった時代の、川や池はどうなっていたのでしょう。⑮

（せんざいや石けんなどが水に流れこんで、）よごれていた。

(四) あめんぼがまた少しずつふえてきたのは、どうしてですか。⑮

（みんながかんきょうのことに気をつけるようになったから。）

(五) ①に当てはまる言葉を□から選んで（　）に書きましょう。⑩

① （そのため）

なぜなら・けれども・そのため

(六) イ そんな自然とは、何を指していますか。⑩

（きれいな池や小川にたくさんのあめんぼが見られる自然。）

(七) （　）の中に当てはまる言葉を□から選んで書きましょう。(5×4)

あめんぼがよく見られる（池）や小川の水は（きれいな水）で、（表面張力）の働きで、あめんぼは（水面）にうかぶことができる。

表面張力・きれいな水・水中
池・海・きたない水・水面

P74 点字を通して考える (1)

上の文章を読んで、答えましょう。

(一) 容器の形が同じシャンプーとリンスでは、シャンプーのほうに何本かの線がうき上がっているのは、何のためですか。⑩

（目の不自由な人がさわって分かるようにするため。）

(二) さわって分かるようにするために、カードにもいろいろな切りこみがあります。

① カードの左手前に付けられている切りこみは、何のためですか。⑩

（カードのうら表や入れる向きが分かるため。）

② 切りこみの形によって、カードの種類がさわって区別できます。それぞれ何のカードですか。(10×3)

丸い切りこみ（テレフォンカード）

三角の切りこみ（電車やバスなどの乗り物）

四角の切りこみ（買い物などのカード）

(三) 点字について書きましょう。(10×2)

① 駅の券売機には、点字でどんなことが書かれていますか。

（金がくや「よびだし」「とりけし」などのボタンの説明）

② エレベーターの表示板には、点字でどんなことが書かれていますか。

（階数や「あけ」「しめ」など）

(四) 上の文には、目を使わずに物を区別したり、表示したりする方法が三つ書かれていました。大きくわけて、何と何と何ですか。(10×3)

（（シャンプー容器に）うき上がった線）

（カードの切りこみ）

（点字）

P75 点字を通して考える (2)

上の文章を読んで、答えましょう。

(一) 点字はいつ、どこの国の人によって作られたのですか。(10×2)

（一八二五）年（フランス）

(二) 凸字に出会うまでのルイ＝ブライユという人についてまとめましょう。⑩

（一八〇九年に生まれ、三才の時のけがが原いんで失明し、十才で入学したパリの盲学校で、凸字に出会った。）

(三) 凸字とは、どんな文字ですか。⑩

（文字をそのままの形でうき上がらせたもので、それをさわって読むもの。）

(四) ア それまでとは、いつまでのことでしょう。⑩

（ブライユが凸字に出会うまで。）

(五) ブライユにとって、凸字との出会いがとてもうれしいことだったのは、何ができるようになったからですか。⑩

（だれかに読んでもらわなければならなかった文字を、自分で読むことができるようになったから。）

(六) イ それはやはり満足できるものではありませんでした。とありますが、なぜ満足できないのですか。⑩

（一文字ずつ指でたしかめながら読んでいると、最初のほうに書いてあったことをどうしてもわすれてしまうから。）

(七) 凸字の本は、どんな点で作りにくかったり、使いにくかったりしましたか。三つ書きましょう。(10×3)

（凸字の本を作ることは大変な作業だから、本の種類もわずかしかない。）

（ふつうの文字なら一さつですむ本も、凸字にすると、何さつもの重い本になる。）

（凸字は自分で書くことができない。）

P76 夜に鳴くセミ (1)

上の文章を読んで、答えましょう。

(一) ア セミは、わたしたちの生活になじみ深いものです。とありますが、どんなことがあげられていますか。二つ書きましょう。(10×2)

（夏といえば、セミの鳴き声が思いうかぶ。）

（夏にセミとりをしたことがある人は多い。）

(二) イ これとは、何を指していますか。⑩

（今、日本には、およそ三十二種類ものセミがいること。）

(三) 東京の都心部のセミについて答えましょう。

① 何種類ほどのセミがいますか。⑩

（六種類ほど）

② その中でいちばん小さいセミと、二番目に小さいセミを書きましょう。(5×2)

いちばん小さい（ニイニイゼミ）　二番目に小さい（ツクツクボウシ）

(四) ウ わたしの受ける感じで、かつて数の多かった順にセミの名前を書きましょう。(5×4)

一位（アブラゼミ）

二位（ツクツクボウシ）

三位（ニイニイゼミ）

四位（ミンミンゼミ）

(五) エ かつてと同じ意味を表す言葉に、○をしましょう。⑩

（○）以前　（　）いつぞや　（　）近ごろ

(六) 近年、セミの種類と数は、どう変化してきたと言えますか。二つ書きましょう。(10×2)

（ニイニイゼミがめっきり少なくなってきている。）

（ミンミンゼミ（の鳴き声）がずいぶん目立つようになってきた。）

※本書にかかれている解答はあくまでも一例です。答えは、文意があっていれば、○をして下さい。
「思ったこと」「考えたこと」などは様々なとらえ方があります。児童の思いをよく聞いて○をつけて下さい。

P77

夜に鳴くセミ (2)

上の文章を読んで、答えましょう。

(一) 東京のような大都市で温暖化が進んでいる原いんを二つ書きましょう。(12×2)

(自動車や冷暖房機器などから、たくさんの熱が大気中に放たれていること。)

(地表はアスファルトでおおわれていて、なかなか冷めにくくなっていること。)

(二) ア それは、何を指していますか。(12)

(東京は、熱に包まれた島のようになってしまっていること。)

(三) 温暖化が進む東京では、なぜミンミンゼミがふえてきたのですか。(12)

(ミンミンゼミは、少しかわいた土を好むが、温暖化で土がかわいてきたから。)

(四) 温暖化が進む東京では、なぜニイニイゼミがへってきたのですか。(12)

(ニイニイゼミは、しっ気のある土を好むが、温暖化で土がかわいたから。)

(五) イ そのは、何を指していますか。(10)

(ニイニイゼミは、しっ気のある土を好むこと。)

(六) ①～③に当てはまる言葉を□から選んで( )に書きましょう。(10×3)

①(そのうえ) ②(そのため) ③(一方)

一方・そのため・そのうえ

P78

夜に鳴くセミ (3)

上の文章を読んで、答えましょう。

(一) 東京のセミたちの、もう一つの変化とは何ですか。(10)

(「夜に鳴くセミ」があらわれたこと。)

(二) ア それとは、何ですか。(10)

(夜中に鳴く種類のセミはいない。(セミは、もともとは日中に鳴く。))

(三) ① イ その原いんの「その」とは、何を指しますか。(10×3)

(東京に「夜に鳴くセミ」があらわれたこと(深夜にセミの大合唱が聞こえることもめずらしくない。))

② その原いんを、二つ答えましょう。

(夜も温度が下がらず、昼間のように暑くなっていること。)

(夜でも昼間のように明るくなっていること。)

(四) 東京が夜でも昼間のように明るくなっているのは、何の光が原いんですか。具体的に四つ書きましょう。(5×4)

(街灯やネオン)

(車のライト)

(自動はんばい機、)

(深夜も営業しているコンビニエンスストアなど)

(五) ウ 生活の中から季節感はどんどん消えつつあります。とありますが、季節感の消えつつあるものを、文中から二つ書きましょう。(10×2)

(街のけしき)(食べ物)

(六) ①・②に当てはまる言葉を□の中から選んで( )に書きましょう。(5×2)

①(しかし) ②(そして)

そして・次に・しかし

P79

進化した路面電車 (1)

上の文章を読んで、答えましょう。

(一) 日本で最初の路面電車は、いつ、どこで開通しましたか。(6×2)

いつ(一八九五年)

どこ(京都市)

(二) 路面電車がいちばん多かったのはいつで、どのくらいの数の都市に広がりましたか。(6×2)

いつ(一九三二年)

どのくらい((全国)六十七都市)

(三) 多くの都市から路面電車がなくなったいちばん大きな理由は何ですか。(10)

(自動車がふえたこと。)

(四) 特に自動車が急速にふえたのは、いつごろからですか。(10)

(一九六〇年代の後半から)

(五) なぜ、路面電車が次々とはい止されたのですか。(10)

(自動車が急速にふえたので、交通じゅうたいをふせぐため。)

(六) 二〇〇二年に路面電車が残っていたのは、いくつの都市ですか。(10)

(十九都市)

(七) 次の文は、上の①～③の、どのだん落のことですか。( )に番号で書きましょう。(10×2)

(③) 路面電車が少なくなった理由

(②) 路面電車の広がりと減少

(八) ア その、イ それは、何を指していますか。(8×2)

ア(一八九五年) イ(一九三二年)

P80

進化した路面電車 (2)

上の文章を読んで、答えましょう。

(一) ア それは、何を指していますか。(10)

(路面電車の役わりを見直そうという考え方)

(二) ザールブリュッケンという都市の路面電車について考えましょう。(10×3)

① ザールブリュッケンは、どこの国の都市ですか。(ドイツ)

② 一九六五年、ザールブリュッケンの路面電車はどうなりましたか。

(すべてはい止された。)

③ 一九九七年、ザールブリュッケンの路面電車はどうなりましたか。

(新しいデザインの「進化した路面電車」が走り始めた。)

(三) イ それまでの路面電車の短所とそのくわしい説明を表にまとめましょう。(10×5)

	短所	短所のくわしい説明
第一	おそい(停止時間が長い)	ただでさえ信号が多いのに、自動車が電車の進行をさまたげる。ワンマン電車だと、乗客の運ちんしはらいに時間がかかり、乗りおりの時間が長びく。
第二	こうりつが悪い	(路面電車の多くは一両だけで乗客の定員が少ないため、)運転士一人あたりの輸送量が少ないから。
第三	停りゅう場が、せますぎてきけん	車いすなどが利用できない。

(四) ①と②に当てはまる言葉を□から選んで( )に書きましょう。(5×2)

①(しかし) ②(では)

では・たとえば・まず・しかし

※本書にかかれている解答はあくまでも一例です。答えは、文意があっていれば、○をして下さい。
「思ったこと」「考えたこと」などは様々なとらえ方があります。児童の思いをよく聞いて○をつけて下さい。

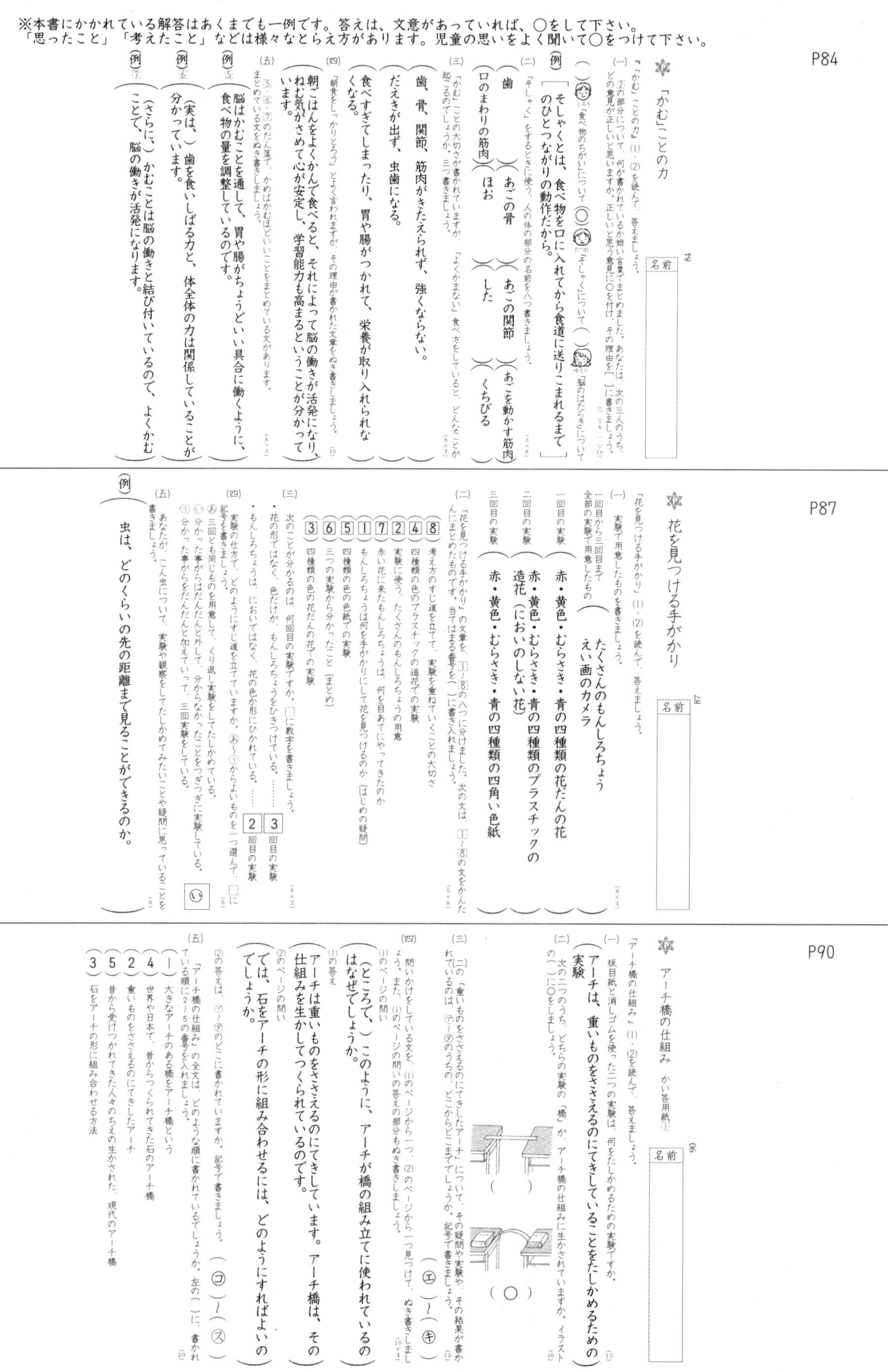

P84

「かむ」ことの力

名前

『「かむ」ことの力』(1)・(2)を読んで、答えましょう。

(一) [2]の部分について、何が書かれているか短い言葉でまとめました。あなたは、次の三人のうち、どの意見が正しいと思いますか。正しいと思う意見に○を付け、その理由を「　」に書きましょう。（(　)8 「　」10）

（　）しろう「食べ物のちがい」について　（○）たつお「そしゃく」について　（　）ゆうり「脳のはたらき」について

(例)「そしゃくとは、食べ物を口に入れてから食道に送りこまれるまでのひとつながりの動作だから。」

(二) 「そしゃく」をするときに使う、人の体の部分の名前を八つ書きましょう。（3×8）

（歯）（あごの骨）（あごの関節）（あごを動かす筋肉）（口のまわりの筋肉）（ほお）（した）（くちびる）

(三) 「かむ」ことの大切さが書かれていますが、「よくかまない」食べ方をしていると、どんなことが起こるのでしょうか。三つ書きましょう。（8×3）

（歯、骨、関節、筋肉がきたえられず、強くならない。）

（だえきが出ず、虫歯になる。）

（食べすぎてしまったり、胃や腸がつかれて、栄養が取り入れられなくなる。）

(四) 「朝食をしっかりとろう」とよく言われますが、その理由が書かれた文章をぬき書きしましょう。（10）

（朝ごはんをよくかんで食べると、それによって脳の働きが活発になり、ねむ気がさめて心が安定し、学習能力も高まるということが分かっています。）

(五) [5]・[6]・[7]のだん落で、かめばかむほどいいことをまとめている文があります。まとめている文をぬき書きしましょう。（8×3）

(例) [5]（脳はかむことを通して、胃や腸がちょうどいい具合に働くように、食べ物の量を調整しているのです。）

(例) [6]（(実は、)歯を食いしばる力と、体全体の力は関係していることが分かっています。）

(例) [7]（(さらに、)かむことは脳の働きと結び付いているので、よくかむことで、脳の働きが活発になります。）

P87

花を見つける手がかり

名前

「花を見つける手がかり」(1)・(2)を読んで、答えましょう。

(一) 実験で用意したものを書きましょう。（8×4）

一回目から三回目まで全部の実験で用意したもの（たくさんのもんしろちょう　えい画のカメラ）

一回目の実験（赤・黄色・むらさき・青の四種類の花だんの花）

二回目の実験（赤・黄色・むらさき・青の四種類のプラスチックの造花（においのしない花））

三回目の実験（赤・黄色・むらさき・青の四種類の四角い色紙）

(二) 「花を見つける手がかり」の文章を、[1]～[8]の八つに分けました。次の文は、[1]～[8]の文をかんたんにまとめたものです。当てはまる番号を（　）に書き入れましょう。（5×8）

（[8]）考え方のすじ道を立てて、実験を重ねていくことの大切さ

（[4]）四種類の色のプラスチックの造花での実験

（[2]）実験に使う、たくさんのもんしろちょうの用意

（[7]）赤い花に来たもんしろちょうは、何を目あてにやってきたのか

（[1]）もんしろちょうは何を手がかりにして花を見つけるのか（はじめの疑問）

（[5]）四種類の色の色紙での実験

（[6]）三つの実験から分かったこと（まとめ）

（[3]）四種類の色の花だんの花での実験

(三) 次のことが分かるのは、何回目の実験ですか。□に数字を書きましょう。（6×2）

・花の形ではなく、色だけが、もんしろちょうをひきつけている。………[3]回目の実験

・もんしろちょうは、においではなく、花の色か形にひかれている。……[2]回目の実験

(四) 実験の仕方で、どのようにすじ道を立てていますか。あ～うからよいものを一つ選んで、□に記号を書きましょう。（8）

あ 三回とも同じものを用意して、くり返し実験をしてたしかめている。

い 分かった事がらはだんだんと外して、分からなかったことをつぎつぎに実験している。

う 分かった事がらをだんだんと加えていって、三回実験をしている。

[い]

(五) あなたが、こん虫について、実験や観察をしてたしかめてみたいことや疑問に思っていることを書きましょう。（8）

(例)（虫は、どのくらいの先の距離まで見ることができるのか。）

P90

アーチ橋の仕組み　かい答用紙[1]

名前

「アーチ橋の仕組み」(1)・(2)を読んで、答えましょう。

(一) 板目紙と消しゴムを使った二つの実験は、何をたしかめるための実験ですか。（15）

（アーチは、重いものをささえるのにてきしていることをたしかめるための実験）

(二) 次の二つのうち、どちらの実験の「橋」が、アーチ橋の仕組みに生かされていますか。イラストの（　）に○をしましょう。（10）

（　）　（○）

(三) (二)の「重いものをささえるのにてきしたアーチ」について、その疑問や実験や、その結果が書かれているのは、ア～タのうちの、どこからどこまででしょうか。記号で書きましょう。（15）

（エ）～（キ）

(四) 問いかけをしている文を、(1)のページから一つ、(2)のページから一つ見つけて、ぬき書きしましょう。また、(1)のページの問いの答えの部分もぬき書きしましょう。（10×4）

(1)のページの問い

（(ところで、)このように、アーチが橋の組み立てに使われているのはなぜでしょうか。）

(1)の答え

（アーチは重いものをささえるのにてきしています。アーチ橋は、その仕組みを生かしてつくられているのです。）

(2)のページの問い

（では、石をアーチの形に組み合わせるには、どのようにすればよいのでしょうか。）

(五) 「アーチ橋の仕組み」の全文は、どのような順に書かれているでしょうか。左の（　）に、書かれている順に2～5の番号を入れましょう。（20）

(2)の答えは、ア～タのどこに書かれていますか。記号で書きましょう。（コ）～（ス）

（1）大きなアーチのある橋をアーチ橋という

（4）世界や日本で、昔からつくられてきた石のアーチ橋

（2）重いものをささえるのにてきしたアーチ

（5）昔から受けつがれてきた人々のちえの生かされた、現代のアーチ橋

（3）石をアーチの形に組み合わせる方法

※本書にかかれている解答はあくまでも一例です。答えは、文意があっていれば、〇をして下さい。
「思ったこと」「考えたこと」などは様々なとらえ方があります。児童の思いをよく聞いて〇をつけて下さい。

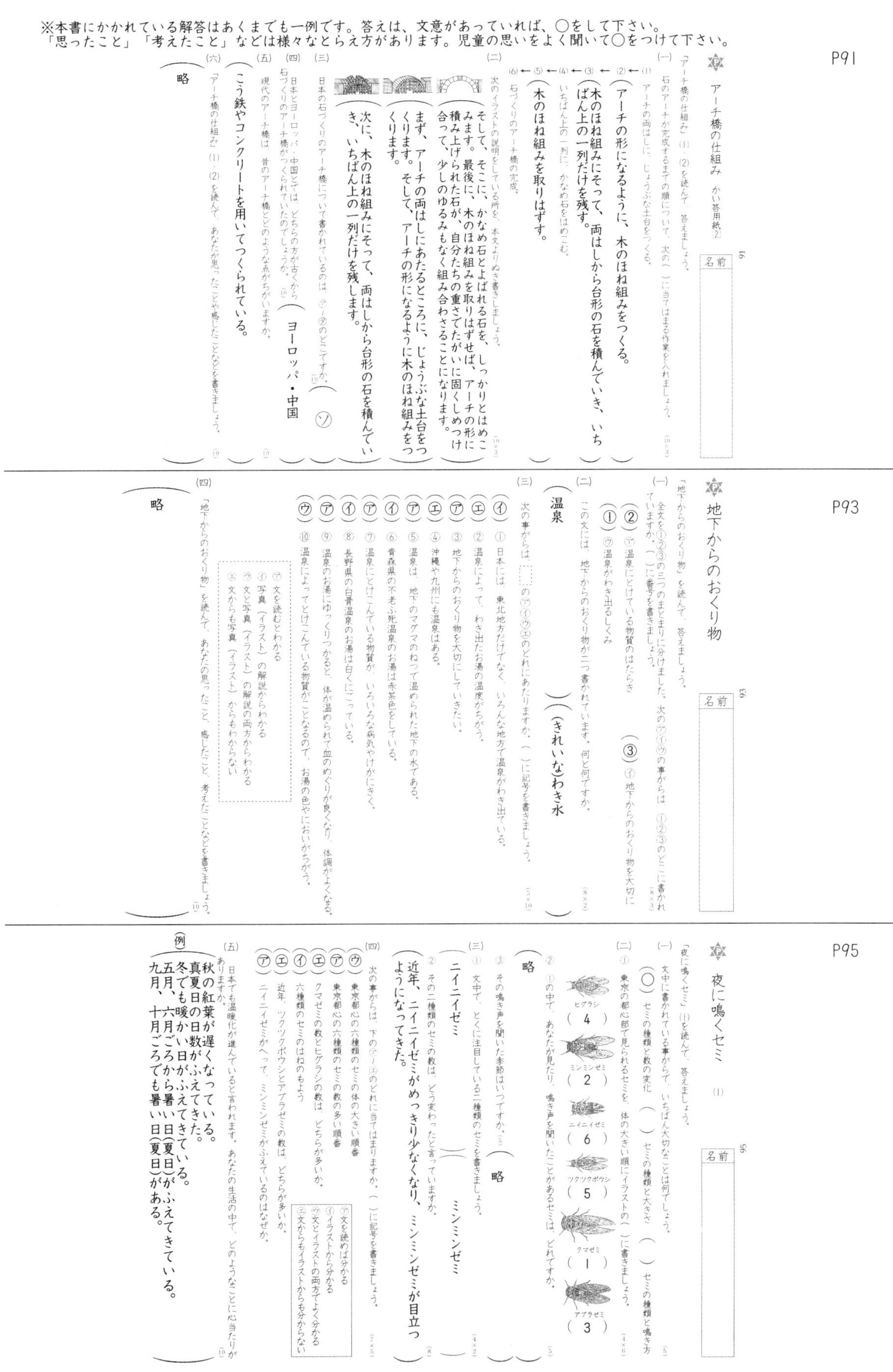

P91

アーチ橋の仕組み かい答用紙②

名前　91

(一) 「アーチ橋の仕組み」(1)・(2)を読んで、答えましょう。
石のアーチが完成するまでの順について、次の( )に当てはまる作業を入れましょう。(10×3)

(1) アーチの両はしに、じょうぶな土台をつくる。
↓
(2) (アーチの形になるように、木のほね組みをつくる。)
↓
(3) (木のほね組みにそって、両はしから台形の石を積んでいき、いちばん上の一列だけを残す。)
↓
(4) いちばん上の一列に、かなめ石をはめこむ。
↓
(5) (木のほね組みを取りはずす。)
↓
(6) 石づくりのアーチ橋の完成。

(二) 次のイラストの説明をしている所を、本文よりぬき書きしましょう。(10×3)

(そして、そこに、かなめ石とよばれる石を、しっかりとはめこみます。最後に、木のほね組みを取りはずせば、アーチの形に積み上げられた石が、自分たちの重さでたがいに固くしめつけ合って、少しのゆるみもなく組み合わさることになります。)

(まず、アーチの両はしにあたるところに、じょうぶな土台をつくります。そして、アーチの形になるように木のほね組みをつくります。)

(次に、木のほね組みにそって、両はしから台形の石を積んでいき、いちばん上の一列だけを残します。)

(三) 日本の石づくりのアーチ橋について書かれているのは、㋐〜㋟のどこですか。(10)
(㋞)

(四) 日本とヨーロッパ・中国とでは、どちらの方が古くから石づくりのアーチ橋がつくられていたのでしょうか。(10)
(ヨーロッパ・中国)

(五) 現代のアーチ橋は、昔のアーチ橋とどのような点がちがいますか。(10)
(こう鉄やコンクリートを用いてつくられている。)

(六) 「アーチ橋の仕組み」(1)・(2)を読んで、あなたが思ったことや感じたことなどを書きましょう。(10)
(略)

P93

地下からのおくり物

名前　93

(一) 「地下からのおくり物」を読んで、答えましょう。
全文を①②③の三つのまとまりに分けました。次の㋐㋑㋒の事がらは、①②③のどこに書かれていますか。( )に番号を書きましょう。(8×3)

(②) ㋐ 温泉にとけている物質のはたらき
(①) ㋒ 温泉がわき出るしくみ
(③) ㋑ 地下からのおくり物を大切に

(二) この文には、地下からのおくり物が二つ書かれています。何と何ですか。(8×2)
(温泉)(きれいなわき水)

(三) 次の事がらは、[ ]の㋐㋑㋒㋓のどれにあたりますか。( )に記号を書きましょう。(5×10)

(㋑) ① 日本には、東北地方だけでなく、いろんな地方で温泉がわき出ている。

(㋓) ② 温泉によって、わき出たお湯の温度がちがう。

(㋐) ③ 地下からのおくり物を大切にしていきたい。

(㋓) ④ 沖縄や九州にも温泉はある。

(㋐) ⑤ 温泉は、地下のマグマのねつで温められた地下の水である。

(㋑) ⑥ 青森県の不老ふ死温泉のお湯は赤茶色をしている。

(㋐) ⑦ 温泉にとけこんでいる物質が、いろいろな病気やけがにきく。

(㋑) ⑧ 長野県の白骨温泉のお湯は白くにごっている。

(㋐) ⑨ 温泉のお湯にゆっくりつかると、体が温められて血のめぐりが良くなり、体調がよくなる。

(㋒) ⑩ 温泉によってとけこんでいる物質がことなるので、お湯の色やにおいがちがう。

㋐ 文を読むとわかる
㋑ 写真(イラスト)の解説からわかる
㋒ 文と写真(イラスト)の解説の両方からわかる
㋓ 文からも写真(イラスト)からもわからない

(四) 「地下からのおくり物」を読んで、あなたの思ったこと、感じたこと、考えたことなどを書きましょう。(10)
(略)

P95

夜に鳴くセミ (1)

名前　95

(一) 「夜に鳴くセミ」(1)を読んで、答えましょう。
文中に書かれている事がらで、いちばん大切なことは何でしょう。(5)

(〇) セミの種類と数の変化
( ) セミの種類と大きさ
( ) セミの種類と鳴き方

(二) ① 東京の都心部で見られるセミを、体の大きい順にイラストの( )に番号を書きましょう。(3×6)

ヒグラシ (4)
ミンミンゼミ (2)
ニイニイゼミ (6)
ツクツクボウシ (5)
クマゼミ (1)
アブラゼミ (3)

② ①の中で、あなたが見たり、鳴き声を聞いたことがあるセミは、どれですか。(5)
(略)

③ その鳴き声を聞いた季節はいつですか。(5)
(略)

(三) ① 文中で、とくに注目している二種類のセミを書きましょう。(4×2)
(ニイニイゼミ)(ミンミンゼミ)

② その二種類のセミの数は、どう変わったと言っていますか。(8)
(近年、ニイニイゼミがめっきり少なくなり、ミンミンゼミが目立つようになってきた。)

(四) 次の事がらは、下の㋐〜㋓のどれに当てはまりますか。( )に記号を書きましょう。(7×5)

(㋒) 東京都心の六種類のセミの体の大きい順番
(㋐) 東京都心の六種類のセミの数の多い順番
(㋓) クマゼミの数とヒグラシの数は、どちらが多いか。
(㋑) 六種類のセミのはねのもよう
(㋓) 近年、ツクツクボウシとアブラゼミの数は、どちらが多いか。
(㋐) ニイニイゼミがへって、ミンミンゼミがふえているのはなぜか。

㋐文を読めば分かる
㋑イラストから分かる
㋒文とイラストの両方でよく分かる
㋓文からもイラストからも分からない

(五) 日本でも温暖化が進んでいると言われます。あなたの生活の中で、どのようなことに心当たりがありますか。(10)

(例)

秋の紅葉が遅くなっている。

真夏日の日数がふえてきた。

冬でも暖かい日がふえてきている。

五月、六月ごろから暑い日(夏日)がふえてきている。

九月、十月ごろでも暑い日(夏日)がある。

※本書にかかれている解答はあくまでも一例です。答えは、文意があっていれば、○をして下さい。
「思ったこと」「考えたこと」などは様々なとらえ方があります。児童の思いをよく聞いて○をつけて下さい。

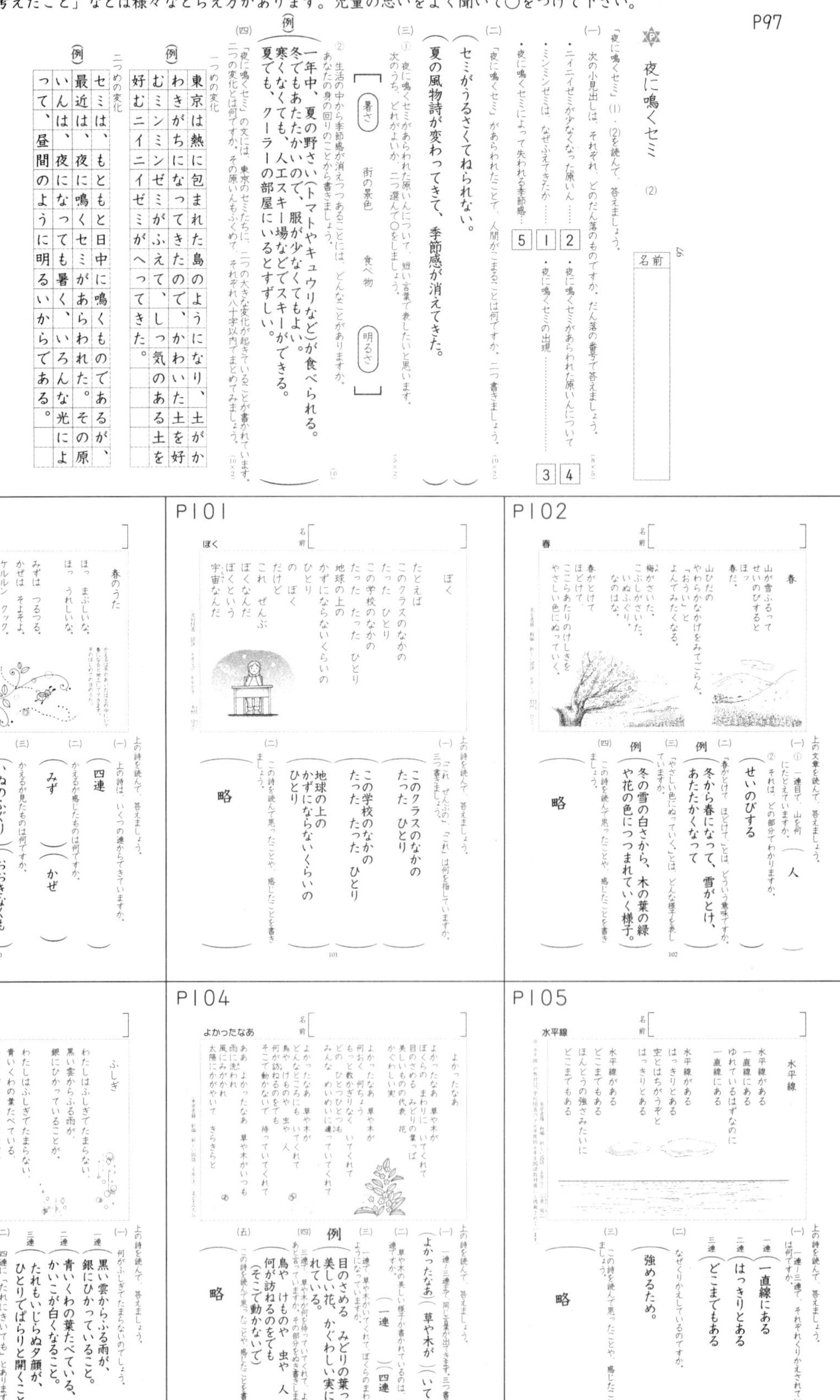

P97

夜に鳴くセミ (2)

名前

「夜に鳴くセミ」(1)・(2)を読んで、答えましょう。

(一) 次の小見出しは、それぞれ、どのだん落のものですか。だん落の番号で答えましょう。
・ニイニイゼミが少なくなった原いん……2
・ミンミンゼミは、なぜふえてきたか……1
・夜に鳴くセミによって失われる季節感……5
・夜に鳴くセミがあらわれた原いんについて
・夜に鳴くセミの出現……3 4

(二) 「夜に鳴くセミ」があらわれたことで、人間がこまることは何ですか。二つ書きましょう。
（セミがうるさくてねられない。）
（夏の風物詩が変わってきて、季節感が消えてきた。）

(三) ① 夜に鳴くセミがあらわれた原いんについて、短い言葉で表したいと思います。次のうち、どれがよいか、二つ選んで○をしましょう。
［暑さ　街の景色　食べ物　明るさ］

② 生活の中から季節感が消えつつあることには、どんなことがありますか。あなたの身の回りのことから書きましょう。
例（一年中、夏の野さい(トマトやキュウリなど)が食べられる。冬でもあたたかいので、服が少なくてもよい。寒くなくても、人工スキー場などでスキーができる。夏でも、クーラーの部屋にいるとすずしい。）

(四) 「夜に鳴くセミ」の文には、東京のセミたちに、二つの大きな変化が起きていることが書かれています。二つの変化とは何ですか。その原いんもふくめて、それぞれ八十字以内でまとめてみましょう。

一つめの変化
例 東京は熱に包まれた島のようになり、土がかわきがちになってきたので、かわいた土を好むミンミンゼミがふえて、しっ気のある土を好むニイニイゼミがへってきた。

二つめの変化
例 セミは、もともと日中に鳴くものであるが、最近は、夜に鳴くセミがあらわれた。その原いんは、夜になっても暑く、いろんな光によって、昼間のように明るいからである。

P100

春のうた

春のうた

ほっ　まぶしいな。
ほっ　うれしいな。

みずは　つるつる。
かぜは　そよそよ。
ケルルン　クック。
ああいいにおいだ。
ケルルン　クック。

ほっ　いぬのふぐりがさいている。
ほっ　おおきなくもがうごいてくる。

ケルルン　クック。
ケルルン　クック。

上の詩を読んで、答えましょう。
(一) 上の詩は、いくつの連からできていますか。（四連）
(二) かえるが感じたものは何ですか。（みず）（かぜ）
(三) かえるが見たものは何ですか。（いぬのふぐり）（おおきなくも）
(四) 上の詩は、かえるのどんな気持ちを表していますか。例（春になってうれしい気持ち）
(五) この詩を読んで思ったことや、感じたことを書きましょう。（略）

P101

ぼく

ぼく

たとえば
このクラスのなかの
たった　ひとり
この学校のなかの
たった　たった　ひとり
地球の上の
かずにならないくらいの
ひとり
の　ぼく
だけど
これ　ぜんぶ
ぼくなんだ
ぼくという
宇宙なんだ

上の詩を読んで、答えましょう。
(一) 「これ　ぜんぶ」の「これ」は何を指していますか。三つ書きましょう。
（このクラスのなかの　たった　ひとり）
（この学校のなかの　たった　たった　ひとり）
（地球の上の　かずにならないくらいの　ひとり）
(二) この詩を読んで思ったことや、感じたことを書きましょう。（略）

P102

春

春

山が雪ふるって
せいのびすると
ほっ
春だ。

山ひだの
やわらかなかげをみてごらん。
「おうい」と
よんでみたくなる。

梅がさいた。
こぶしがさいた。
いぬふぐり、
なのはな。

春がとけて
ほどけて
ここらあたりのけしきを
やさしい色にぬっていく。

上の文章を読んで、答えましょう。
(一) ① 一連目で、山を何にたとえていますか。（人）
② それは、どの部分でわかりますか。（せいのびする）
(二) 「春がとけて　ほどけて」とは、どういう意味ですか。例（冬から春になって、雪がとけ、あたたかくなって）
(三) 「やさしい色にぬっていく」とは、どんな様子を表していますか。例（冬の雪の白さから、木の葉の緑や花の色につつまれていく様子。）
(四) この詩を読んで思ったことや、感じたことを書きましょう。（略）

P103

ふしぎ

ふしぎ

わたしはふしぎでたまらない、
黒い雲からふる雨が、
銀にひかっていることが。

わたしはふしぎでたまらない、
青いくわの葉たべている、
かいこが白くなることが。

わたしはふしぎでたまらない、
たれもいじらぬ夕顔が、
ひとりでぱらりと開くのが。

わたしはふしぎでたまらない、
たれにきいてもわらってて、
あたりまえだ、ということが。

上の詩を読んで、答えましょう。
(一) 何がふしぎでたまらないのでしょう。
一連（黒い雲からふる雨が、銀にひかっていること。）
二連（青いくわの葉たべている、かいこが白くなること。）
三連（たれもいじらぬ夕顔が、ひとりでぱらりと開くこと。）
(二) 四連に「たれにきいても」とありますが、何をきいたのでしょう。（一連・二連・三連でふしぎに思ったこと）
(三) この詩を読んで思ったことや、感じたことを書きましょう。（略）

P104

よかったなあ

よかったなあ

よかったなあ　草や木が
ぼくらの　まわりに　いてくれて
目のさめる　みどりの葉っぱ
美しいものの代表　花
かぐわしい実

よかったなあ　草や木が
何おく　何ちょう
もっと数かぎりなく　いてくれて
どの　ひとつひとつも
みんな　めいめいに違っていてくれて

よかったなあ　草や木が
どんなところにも　いてくれて
鳥や　けものや　虫や　人
何が訪ねるのをでも
そこで動かないで　待っていてくれて

ああ　よかったなあ　草や木がいつも
雨に洗われ
風にみがかれ
太陽にかがやいて　きらきらと

上の詩を読んで、答えましょう。
(一) 一連〜三連まで、同じ言葉が出てきます。三つ書きましょう。（よかったなあ）（草や木が）（いてくれて）
(二) 草や木の美しい様子が書かれているのは、何連と何連ですか。（一連）（四連）
(三) 一連で、草や木がいてくれて、ぼくらのまわりはどのようになっていますか。例（目のさめる　みどりの葉っぱ　美しい花、かぐわしい実に囲まれている。）
(四) 三連で、草や木が何を待っていてくれて、よかったなあと言っていますか。その部分をぬき書きしましょう。（鳥や　けものや　虫や　人　何が訪ねるのをでも（そこで動かないで））
(五) この詩を読んで思ったことや、感じたことを書きましょう。（略）

P105

水平線

水平線

水平線がある
一直線にある
ゆれているはずなのに
一直線にある

水平線がある
はっきりとある
空とはちがうぞと
はっきりとある

水平線がある
どこまでもある
ほんとうの強さみたいに
どこまでもある

上の詩を読んで、答えましょう。
(一) 一連〜三連で、それぞれくりかえされている言葉は何ですか。
一連（一直線にある）
二連（はっきりとある）
三連（どこまでもある）
(二) なぜくりかえしているのですか。（強めるため。）
(三) この詩を読んで思ったことや、感じたことを書きましょう。（略）

※本書にかかれている解答はあくまでも一例です。答えは、文意があっていれば、〇をして下さい。
「思ったこと」「考えたこと」などは様々なとらえ方があります。児童の思いをよく聞いて〇をつけて下さい。

P106

ありㅤㅤ名前［ㅤㅤ］

あり

頭に帽子かぶった
十八メートルもあるありさん
そんなありありっこないさ　そんなありありっこないさ

ペンギンとあひるで満員の
車を引っ張るありさん
そんなありありっこないさ

フランス語を話すありさん
ラテン語とジャヴァ語を話すありさん
そんなありありっこないさ　そんなありありっこないさ

ほんと！　でもそんなありさん　なぜいないんだろ？

上の詩を読んで、答えましょう。

(一) 一連から三連の「そんなあり」は、それぞれどんなありでしょうか。

一連（頭に帽子かぶった十八メートルもあるありさん）

二連（ペンギンとあひるで満員の車を引っ張るありさん）

三連（フランス語とラテン語とジャヴァ語を話すありさん）

(二) この詩を読んで思ったことや、感じたことを書きましょう。

（略）

P107

めがさめたㅤㅤ名前［ㅤㅤ］

めがさめた

どうしたの？　山
うす緑のようふくが　ふるふる　ゆれてるよ
おおい山よ！　なに　ふるふるしてるの？

だってね　くっくっく
雪どけみずが　ちょろちょろしてさ
りすは　もこもこするしさ
かえるは　ごそごそ　のねずみ　かさこそ
みんな　めがさめて　あちこち　うろちょろ
くっくっくっ　くすぐったくてなあ
ひゃ　もうたまらん―
あーっはっはっはっは
山がわらって　春がきた

上の詩を読んで、答えましょう。

(一) 「うす緑のようふく」とは、何のことですか。

（山の木の緑（新緑・新芽））

(二) 「くすぐったくてなあ」とありますが、なぜくすぐったいのですか。それぞれのようすを書きましょう。

雪どけみずが（ちょろちょろして）

りすは（もこもこする）

かえるは（ごそごそ）

のねずみ（かさこそ）

(三) この詩を読んで思ったことや、感じたことを書きましょう。

（略）

P108

ぼくが　ここにㅤㅤ名前［ㅤㅤ］

ぼくが　ここに

ぼくが　ここに　いるとき
ほかの　どんなものも
ぼくに　かさなって
ここに　いることは　できない

もしも　ゾウが　ここに　いるならば
そのゾウだけ
マメが　いるならば
その一つぶの　マメだけ
しか　ここに　いることは　できない

ああ　このちきゅうの　うえでは
こんなに　だいじに
まもられているのだ
どんなものが　どんなところに
いるときにも

その「いること」こそが
なににも　まして
すばらしいこと　として

上の詩を読んで、答えましょう。

(一) 一連と二連に「ここに　いることは　できない」とありますが、ここに　いることが　できるものは何ですか。

一連（ぼく）

二連　ゾウがいるならば（(その) ゾウだけ）

マメがいるならば（(その一つぶの) マメだけ）

(二) 三連に「こんなに　だいじに　まもられているのだ」とありますが、何が、どんなときにまもられているのですか。

（どんなものが　どんなところに　いるときにも）

(三) 四連の「すばらしいこと」とは、何ですか。

（「いること」こそ）

(四) この詩を読んで思ったことや、感じたことを書きましょう。

（略）

P109

草の実

秋草のなかをかけてきたから
ポチのからだにも
ぼくのからだにも
草の実が
いっぱいついた。

庭ではたいたら、
おばあさんが
来年
そこに
草がはえるよ
と、言った。

どんな草のなかをとおってきたのか
なんという名の草か
知らないけれど
ブドウ棚の下の
バラの木のとなりに
来年は
ぼくとポチが
野っぱらから運んできた
草が生えて
ひょっとしたらかわいい花を
咲かせるかもしれない。

来年の春が来るまで
わすれないでいよう。
ここんところ、
草の実をおとしたここの
ここんところ。

名前［ㅤㅤ］

上の詩を読んで、答えましょう。

(一) 「いっぱいついた。」とありますが、何が、どこについたのでしょう。

（草の実が、ポチのからだとぼくのからだについた。）

(二) ① おばあさんが言ったことを書きましょう。

（来年そこに草がはえるよ）

② なぜ①のように、言ったのでしょう。

（(草の実を) 庭ではたいたから、そこに種が落ちて草がはえてくる。）

(三) 「庭ではたいたら、」とありますが、庭のどこではたいたのですか。

（ブドウ棚の下のバラの木のとなり）

(四) 「わすれないでいよう。」とありますが、何をわすれないでいようと思っているのですか。また、それはなぜですか。

何を（草の実をおとしたここのここんところ）

なぜ（ひょっとしたらかわいい花を咲かせるかもしれないから。）

(五) この詩を読んで思ったことや、感じたことを書きましょう。

（略）

P110

うち　知ってんねんㅤㅤ名前［ㅤㅤ］

うち　知ってんねん

あの子　かなわんねん
かくれてて　おどかしやるし
そうじは　なまけやるし
わるさばっかし　しやんねん
そやけど
よわい子ォには　やさしいねん
うち　知ってんねん

あの子　かなわんねん
うちのくつ　かくしやるし
ノートは　のぞきやるし
わるさばっかし　しやんねん
そやけど
ほかの子ォには　せえへんねん
うち　知ってんねん

そやねん
うちのこと　かまいたいねん
うち　知ってんねん

うち…わたし　知ってんねん…知ってるよ　せえへんねん…しないよ

上の文章を読んで、答えましょう。

(一) あの子がする「わるさ」とは、具体的にどんなことですか。四つ書きましょう。

（かくれてて　おどかす）

（そうじは　なまける）

（うちのくつ　かくす）

（ノートは　のぞく）

(二) 「そやけど」に、にた意味の言葉を左から選び、〇で囲みましょう。

そして・（だけど）・それから

(三) 「あの子」のことで、わるさをすること以外で、うち（わたし）が知っていることを三つ書きましょう。

（よわい子ォには　やさしい）

（ほかの子ォには　せえへん）

（うちのこと　かまいたい）

(四) この詩を読んで思ったことや、感じたことを書きましょう。

（略）

著者
藤田　えり子　　大阪府公立小学校　元教諭
堀越　じゅん　　大阪府公立小学校　元教諭
羽田　純一　　　京都府公立小学校　元教諭
平田　庄三郎　　京都府公立小学校　元教諭　他４名

企画・編集者・著者
原田　善造　　　わかる喜び学ぶ楽しさを創造する教育研究所　著者代表

参考文献
・光村図書　「国語４年（上）かがやき（下）はばたき」
・東京書籍　「新編新しい国語　４年（上）（下）」
・教育出版　「ひろがる言葉　小学国語　４年（上）（下）」
・学校図書　「みんなと学ぶ小学校国語　４年（上）（下）」
・大阪書籍　「小学国語４年（上）（下）」
・文部科学省　［資料］平成 17 年「PISA 調査の公開問題例」
・　〃　　　　［資料］平成 17 年「TIMSS 調査の公開問題例」
・　〃　　　　平成 19 年度　全国学力・学習状況調査の問題 小学校 国語Ａ・国語Ｂ
・経済界　　日本語翻訳版「フィンランド国語教科書　小学３年生～小学５年生」

イラストの参考文献
・学研の図鑑「動物」「植物」
・小学館「２１世紀こども百科」「いきもの探検大図鑑」
・世界文化社「新ちきゅう大図鑑」
と、各教科書の文意を参考に作成しました。

短文・長文・PISA型の力がつく
まるごと読解力　説明文・詩　小学４年

２００８年４月２日　第１刷発行

著者　　　　：藤田 えり子　堀越 じゅん　羽田 純一　原田 善造　平田　庄三郎　他４名による共著
企画・編集　：原田 善造
イラスト　　：山口 亜耶

発行者：岸本 なおこ
発行所：喜楽研（わかる喜び学ぶ楽しさを創造する教育研究所）
〒604-0827 京都府京都市中京区高倉通二条下ル瓦町543-1
TEL075-213-7701　FAX075-213-7706
印刷：KK合同印刷　製本所：株式会社 藤原製本

ISBN：978-4-86277-021-9　　Printed in Japan